Vera F. Birkenbihl
Prüfungen bestehen

ARISTON

Vera F. Birkenbihl
Prüfungen bestehen

Auf Wunsch der Autorin erscheint der vorliegende Text
in der alten Rechtschreibung.

Verlagsgruppe Random House FSC-DEU-0100
Das für dieses Buch verwendete FSC-zertifizierte
Papier *Profibulk* von Sappi liefert IGEPA

Bibliografische Information der Deutschen Bibliothek

Die Deutsche Bibliothek verzeichnet diese Publikation
in der Deutschen Nationalbibliografie; detaillierte bibliografische
Daten sind im Internet unter http://dnb.ddb.de abrufbar.

3. Auflage
© 2009 Ariston Verlag
in der Verlagsgruppe Random House GmbH

Umschlaggestaltung: ZERO Werbeagentur, München
unter Verwendung eines Motivs von FinePic, München
Satz: EDV-Fotosatz Huber/Verlagsservice G. Pfeifer, Germering
Druck und Bindung: A. Plenk KG, Berchtesgaden
Printed in Germany 2012

ISBN 978-3-424-20013-3

Inhalt

Einleitung 9
Hier geht's los 11
Kleine AUFGABE 14

Teil I: Warum Sie anders vorgehen sollten, als es die Schule empfiehlt 17
Frage 1: LERNEN? 19
Frage 2: Wie kann man LEICHTER LERNEN? ... 20
Antworten und Auflösung der kleinen Aufgabe 20

TEIL II: LERN- und Arbeits-TECHNIKEN, um Prüfungen zu bestehen 39
ABC.s ANLEGEN 41
ABSTRAKTIONS-MECHANISMUS 41
De-Kodieren statt Vokabel-Pauken? 45
Demokratische Definitionen 50
Denk-Blockaden aufbrechen (DIALOG-SPIEL) . 54
Etymologische TÖPFE 57
KaWa.s 60

LÜCKENTEXTE 60
MERKEN VERBOTEN (Experiment) 60
PARALLEL-LERNEN 62
PRÜFUNG SIMULIEREN (Vierer-Teams) 63
TAPETEN-EFFEKT 66
Teekessel-Spiele – aber anders 69
TRAINING – EXTREM LANGSAM 73
Wandzeitung (Fallbeispiel) 79
Worst-Case-Szenario 83

Anhang 85
MERKBLATT Nr. 1: Ist es »richtig«? 87
MERKBLATT Nr. 2: Neuro-Mechanismen 91
Merkblatt Nr. 3: ABC-Listen 92
MERKBLATT Nr. 4: KaWa.s 99
MERKBLATT Nr. 5:
»GENIAL DANEBEN« SPIELEN 103
MERKBLATT Nr. 6: TAPETEN-EFFEKT 105
Literaturverzeichnis 108
Stichwortverzeichnis 111

Einleitung

Hier geht's los

Was viele Leute zwar ahnen, aber kaum glauben können, ist wahr: Viele angebliche »Lern-Methoden«, die man uns in der Schule beigebracht hat, bewirken in Wirklichkeit das Gegenteil: **Sie behindern echtes Lernen**. Dagegen kämpfe ich seit 39 Jahren in meinen Seminaren und Büchern an, aber die meisten Menschen, die etwas ändern könnten (Politiker, Schulbürokraten), haben wenig Interesse daran, und jene, die Interesse haben (z.B. einzelne Lehrkräfte), können sich **im bestehenden System** (noch) nicht durchsetzen. Auch wenn immer mehr Pilot- und Testschul-Experimente klar zeigen, daß es ganz anders geht, ändert sich im Großen und Ganzen in unserem Land noch zu wenig. **Leidtragende sind vor allem SchülerInnen**, aber auch Erwachsene, z.B. in firmeninternen Schulungen oder bei der VHS (da auch dort leider noch weitgehend die »alten« Methoden vorherrschen). Dieses Büchlein möchte **allen, die bisher meinten, sie könnten schlecht lernen** (beziehungsweise die immer nur »auf die Prüfung« gelernt haben), helfen zu **begreifen, wie kontraproduktiv die klassischen Methoden sind**.

- Diese Vorgehensweise entspricht keinem **echten LERNPROZESS**, der im Gehirn und im Denken etwas VERÄNDERT beziehungsweise neue EINSICHTEN erlaubt (oder in Zukunft ermöglichen wird).
- Dabei handelt es sich in Wirklichkeit um **stures, »blindes« PAUKEN**, das heißt um den Versuch, Daten (die man oft nicht begriffen hat) im Gedächtnis zu »deponieren«, um die anstehende Prüfung zu »schaffen«.
- Das Schlimmste daran ist die Tatsache, daß **echtes Lernen** mit angenehmen Transmitter-Ausschüttungen im Gehirn einhergeht, das heißt, echtes LERNEN macht SPASS und fördert die Gesundheit, während Pauken uns physisch wie geistig schädigt. Das ist so, als würde das Schulsystem SchülerInnen viele Jahre lang ermuntern, gefährliche Drogen (Streß-Hormone) zu konsumieren, während echtes Lernen die Art von »Droge« ist, die Körper und Geist fit macht!

Deshalb geht dieses Büchlein über die Frage »Wie schaffe ich die nächste Prüfung?« weit hinaus. Es will ins echte Lernen einführen (was bedeutet, daß Sie Infos so TIEF abspeichern, daß Sie später auch tatsächlich darüber verfügen können, wenn Sie sie benötigen), so daß Sie nicht nur Prüfungen »schaffen«, sondern Sie zu dem werden, was Sie von Ihrer Anlage her bereits sind – ein echtes LERN-WESEN. Wir wurden nicht aufs Pauken eingerichtet, sondern auf echtes Lernen, da dieses das Überleben sichert. **Schulisches Pauken ist eine Irrform der Neuzeit**, aus der wir möglichst bald herausfinden müssen, insbesondere wenn man bedenkt, daß wir in eine Zukunft eintreten, in der die Menschen ihren Erfolg als **Kopf- oder Wissensarbeiter** erringen werden. Richtig lernen zu können hilft uns nicht nur, die Schule zu »schaffen«, sondern macht uns **zukunftstauglich**. Da es darüber hinaus auch weit mehr **SPASS macht** als Pauken, lohnt es sich für alle Beteiligten, sich damit auseinanderzusetzen.

Der Aufbau dieses Büchleins

Teil I beschreibt den gravierenden **Unterschied** zwischen PAUKEN und LERNEN, **Teil II** bietet Ihnen **konkrete Techniken** für erfolgreiches **LERNEN mit möglichst geringem Zeit- und Energieaufwand**.
LeserInnen, die meinen Schreib-Stil kennen, wissen zwei Dinge: Erstens, daß ich für alle, die meine Seminare nicht erleben können, gern **Buch-Seminare** schreibe, so daß sie **aktiv mitmachen** können (deshalb **Schreibzeug** bereitlegen). Zweitens, daß ich manche Informationen ans Buch-Ende, in sogenannte MERKBLÄTTER, »auslagere«. Das können Infos sein, die LeserInnen eines anderen meiner Bücher bereits kennen (um Überschneidungen im Haupttext zu reduzieren), oder aber Infos, die ein wenig mehr **in die Tiefe** gehen und

den Fluß der Argumentation im Hauptteil stören könnten. Wenn Sie auf ein MERKBLATT hingewiesen werden, entscheiden Sie im Einzelfall, ob Sie es lesen wollen oder nicht.
Beginnen wir mit einer kleinen Aufgabe.

Kleine AUFGABE

Bitte lernen Sie die folgende Liste auswendig. Halten Sie dabei folgende SPIELREGELN ein:
Entscheiden Sie, ob Sie die Liste **aufsagen** oder **aufschreiben** möchten.
Registrieren Sie, wie lange es dauert, bis Sie die Liste das erste Mal **beherrschen**.

- Kloster
- Tor
- Novizen
- bereit
- Aufgabe
- helfen
- eilen
- lernen
- Kreislauf

❑ Ich will sprechen.
❑ Ich will schreiben.

Zeit: Es hat _____ **Minuten** gedauert.

Teil I:
Warum Sie anders vorgehen sollten, als es die Schule empfiehlt

Frage 1: LERNEN?

Welcher Aspekt ist für erfolgreiches Lernen am **wichtigsten**? Oder anders ausgedrückt: Auf welchen Aspekt kann man keinesfalls verzichten?

- ❑ Interesse beziehungsweise Motivation
- ❑ viele Wiederholungen
- ❑ Angst vor schlechten Noten

Falls möglich: Fragen Sie mindestens zwei andere Menschen (z.B. per Telefon), ehe Sie weiterlesen. Es könnte sehr spannend werden, denn die meisten Menschen, die das Regelschulsystem durchlaufen haben, denken ähnlich – weshalb sich die Antworten ungefähr gleichmäßig auf die drei Alternativen verteilen.

Die meisten Menschen meinen, man benötige **Interesse** und/oder **Motivation**, um zu lernen. Des weiteren argumentieren sie, daß **Angst vor schlechten Noten** zwar kein Interesse, vielleicht aber **Motivation** »schaffen« könnte, und »jeder weiß doch«, daß **viele Wiederholungen nötig** sind. Nun, die Antwort wird Sie überraschen, aber zuvor möchte ich Sie einladen, einen kleinen Selbsttest durchzuführen. Man lernt am meisten, wenn man aktiv mitmacht. Das ist etwas, das Millionen von SchülerInnen aus Regelschulen nicht wissen, weil man dort von ihnen vor allem erwartet, ruhig dazusitzen und zuzuhören, sich also passiv »berieseln« zu lassen wie beim Fernsehen. Spielen Sie mit? Es ist wichtig, wenn Sie **den grundlegenden Unterschied** zwischen **zwei völlig unterschiedlichen Methoden** verstehen wollen. Und genau in diesem Unterschied liegt das Geheimnis erfolgreichen Lernens.

Frage 2: Wie kann man LEICHTER LERNEN?

❏ Durch eine genaue **Erklärung des Sachverhaltes**?
❏ Durch eine gute **Analogie**, einen guten **Vergleich**, eine gute **Metapher**?

Antworten und Auflösung der kleinen Aufgabe (von Seite 14)

In meinem Hosentaschenbüchlein »Eltern-Nachhilfe« unterscheide ich zwei Arten des Lernens: Erstens das übliche sture (dumme) **PAUKEN** (»Büffeln«), zweitens das **echte LERNEN**, das sich einstellt, wenn wir etwas **BEGRIFFEN** haben. Nun gilt die Regel:

> Je weniger wir PAUKEN, desto mehr Spaß macht es. Und umgekehrt: Wer Lernen für schwierig, frustrierend etc. hält, verwechselt LERNEN mit PAUKEN, doch das ist ein völlig anderer Vorgang!

PAUKEN vs. LERNEN

Mit »PAUKEN« meine ich das sture Büffeln **isolierter** Daten, Fakten, Informationen, die uns entweder **nicht interessieren** und/oder **keinen SINN** bieten (z.B. eine PIN-NUMMER). Ist die Info **sinnlos**, dann können Gedächtnis-Tricks (sogenannte mnemonische Techniken) und Eselsbrücken helfen. Enthalten die zu lernenden Infos hingegen SINN (Bedeutung), dann ist es **weit interessanter, intelligenter und erfolgreicher**, sie **anhand dieser Bedeutung** zu erfassen. Merke: **Was wir einmal begriffen haben, ist schon (fast) »gelernt«**.

Dieses BEGREIFEN bezeichnen Forscher als **KONSTRUKTION**, weil dabei die einzelnen Informations-Bits wie Bausteine zu einem »Wissens-Gebäude« zusammengefügt werden. Wenn aber der AUFBAU von Wissen eine Form der KONSTRUKTION darstellt, kann man das spätere Erinnern als **RE-KONSTRUKTION** bezeichnen. Ein Beispiel: Ich habe Abertausende von Seminar-TeilnehmerInnen viele Jahre lang gebeten, Fragebögen auszufüllen. Eines der Themen umfaßte die Art von Dingen, an die man sich schlecht/gut **erinnert**. Dabei stellte sich immer wieder heraus, daß wir uns an STORIES extrem gut, an **isolierte Daten und Fakten** hingegen extrem schlecht erinnern. Demzufolge wäre es sinnvoll, diese **in STORIES einzubetten**. Darauf basieren mnemotechnische Methoden seit 2500 Jahren, und es ist das Kernstück hinter den Tricksmoderner »Gedächtnis-Trainer«: Man erfindet möglichst alberne Stories, um sich z.B. Geschichtsdaten oder chemische Formeln zu merken. Auch ich habe 1970 bis Ende der 1980er Jahre solche Tricks entwickelt und meinen TeilnehmerInnen und LeserInnen angeboten, aber die Gehirnforschung hat immer klarer gezeigt, daß es **bessere Wege** gibt. Deshalb plädiere ich dafür, daß wir lieber versuchen sollten, die »nackten Daten« zu **begreifen**, denn Begriffenes bettet sich automatisch in SINNVOLLE Verbindungen im Gehirn ein, und es sind **VERBINDUNGEN**, die Infos später wieder »auffindbar« machen, **nicht** die Informationen, Daten, Fakten als solche. Begreifen wir das, nehmen wir beim Lesen, Hören, Denken eine **qualitativ hohe KONSTRUKTION** vor. Nun gilt die Regel:

> Die Qualität der **KONSTRUKTION** entscheidet über die Qualität der **RE-KONSTRUKTION**.

Im Klartext: Je besser uns die **sinnvolle KONSTRUKTION** gelingt, desto leichter können wir das Gelernte später RE-KONSTRUIEREN, nicht nur, aber auch **in einer PRÜFUNG**. Diese Art von echtem **Lernen** **integriert Neues in unser vorhandenes Wissens-Netz (oder Wissens-Gebäude)**, und wenn etwas INTEGRIERT wurde, ergeben sich **Verbindungen** mit vielen anderen Teilen des Netzwerks. Deshalb können die neuen Infos später in allen möglichen neuen **Zu-sammenhängen** auftauchen, sprich in unser Bewußtsein »aufsteigen«, so daß wir erfolgreich auf dieses Wissen zugreifen können.

Da unser Hirn ASSOZIATIV arbeitet, fällt uns **assoziatives Denken** am leichtesten, und gerade dieser **angeborene Denk-Stil** wird vom Schulsystem in der Regel NICHT nur **nicht gefördert**, sondern **massiv behindert**. Assoziativ sind z.B. die EIGENEN Gedanken, die einem »einfallen«, wenn man etwas aufnimmt (hört oder liest). Gerade EIGENE Gedanken sind jedoch in der Schule nur selten erwünscht. Man soll sich auf das konzentrieren, was »da vorne« angeboten wird, also auf die Gedanken der Lehrkraft beziehungsweise die Gedanken aus dem Lehrbuch, die gerade vorgetragen (oder gelesen) werden. Da unser Gehirn aber regelrecht stoppt, wenn wir den **assoziativen Fluß** unterbrechen, haben wir dann das Gefühl, wir könnten die angebotenen Infos oder Gedanken nicht aufnehmen, und **deshalb glauben die meisten Menschen, man müsse nach der Schule heimgehen und dort zu »lernen« beginnen.** Das ist Unsinn! Wenn Sie einen Film ansehen oder aus privatem Interesse ein Buch lesen, dann wissen Sie genau, daß Sie im Kino oder beim Lesen begreifen und sich vieles merken werden. Genauso wissen Sie, daß Sie sich später an die wunderbare Geburtstagsfeier erinnern werden, an den Wander- oder Urlaubstag etc. **Warum sollte es im Unterricht anders sein?** Wieso kann man sich in der Schule, einem angeblichen »Lernort«, so wenig merken, daß man immer »nacharbeiten« muß? Und mit »nacharbeiten« meinen wir **nicht** die offiziellen »Hausaufgaben«, sondern die Tatsache, daß viele SchülerInnen betonen, sie würden während des Unterrichts kaum etwas verstehen oder gar einspeichern. Merke: **Was wir wirklich ge-LERN-t haben, wird »ganzheitlich« abgespeichert.**

Es wird zu einem »Faden« oder »Knoten« in unserem Wissens-Netz, und seine **Verbindungen** können quer durch das ganze Netz reichen.

Demzufolge können später verschiedenste Ideen, Fakten, Gedanken etc. diese Infos in uns »anreißen«, so daß sie »plötzlich« in uns **auftauchen**. Was wir hingegen ge-PAUK-t haben, wird punktuell gespeichert und kann nur **in sehr ähnlicher Form** wieder »angerissen« werden: **Vokabeln** aus Vokabellisten tauchen zwar beim **Abfragen** wieder auf, nicht aber, wenn wir uns in

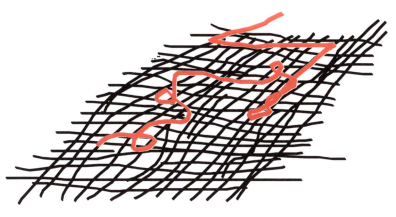

einer tatsächlichen Gesprächs-Situation befinden und sie praktisch NUTZEN wollen! Ge-PAUK-te **Geschichtszahlen** tauchen in **isolierter** Form kurzfristig, z.B. in der Prüfung, auf, aber schon **Wochen später** kann man kaum eine davon RE-KONSTRUIEREN – eben weil sie nicht wirklich in unser Wissens-Netz integriert wurden. Wir können auch sagen:

> Ge-PAUK-te Infos landen in **Abstellräumen des Gedächtnisses**. Sie werden **nicht** ins Wissens-Gebäude **integriert**, werden **nicht** Teil unseres aktiven Wissens-Netzes und demzufolge auch **nicht Teil unseres Wissens**.

Deshalb stehen sie bei normalen Denkvorgängen (analytisch oder kreativ) auch nicht zur Verfügung, wenn wir sie **brauchen**. Sie sehen also: Es lohnt sich durchaus, gleich richtig zu LERNEN, auch wenn Sie nur eine Prüfung »schaffen« wollen, denn: **Je mehr Sie wissen, desto leichter können Sie Neues ins Wissens-Netz integrieren**
Lassen Sie uns die zweite Frage (Seite 20) aufgreifen.

Helfen BILDER, leichter zu lernen?
Sie kennen wahrscheinlich die Aussage, daß **Bilder** uns helfen, uns etwas zu merken. Heute wissen wir, daß wir Bilder nicht nur brauchen, um unsere Gedächtnisleistung zu verbessern, sondern auch, um **zu verstehen**! In meinen Management-Seminaren lehre ich Führungskräfte, selbst METAPHERN zu bilden, wenn sie ein Problem **verstehen** müssen (ehe sie es lösen können). Lassen Sie mich Ihnen als Beispiel drei Bilder zum Thema WISSEN anbieten:
1. **Wissens-Netz** – impliziert Ver-NETZUNG (= **Verbindungen**) der Wissens-Teilchen untereinander.
2. **Wissens-Gebäude** – unser Wissen als **BAUWERK**; manche Teile unseres Wissens ruhen auf anderen beziehungsweise bauen auf anderen auf…
3. **Mückenschwarm** – unser Wissen als **Insektenschwarm**, in dem jedes »Insekt« (jede Info-Einheit) mit jedem anderen in Verbindung treten kann (im

Antworten und Auflösung der kleinen Aufgaben

Gegensatz zum 1. und 2. Bild, bei denen jeder »Knoten« im Netz und jeder »Baustein im Gebäude« an **einer** bestimmten Stelle im Netz/Bauwerk »sitzt«). Die **Mücken-Metapher** zeigt, daß man **Wissen** immer **themenbezogen** betrachten muß: Haben wir **zu einem bestimmten Thema** gar keine Mücke (also eine **Lücke**), **wenige** Mücken, **viele** Mücken oder einen ausgewachsenen **Mückenschwarm** (an Infos, Bildern, Metaphern, Fallbeispielen etc.)?

Neil POSTMAN (Autor des Buches »Wir amüsieren uns zu Tode«) erinnerte immer wieder daran, daß jedes **Bild** immer nur einen **TEIL der Wahrheit** enthält, daß keines 100% der Information vermittelt und daß wir umso besser **begreifen**, **je mehr Bilder und Metaphern für eine Sache** wir besitzen. Merke: **Indem wir Analogien, Gleichnisse, Metaphern etc. miteinander VERGLEICHEN, lernen wir am leichtesten und gleichzeitig auch am tiefsten!**
Es ist für meine SeminarteilnehmerInnen immer wieder überraschend, wie leicht wir lernen, wenn wir »nur« ein paar Gedanken-Bilder **diskutieren**. Sie können es anfänglich nicht glauben, wie viele Fakten sie hinterher WISSEN, nur weil sie über derartige Vergleiche nachgedacht (oder mit dem Sitznachbarn kurz darüber gesprochen) haben.
Beispiel: Wenn ich Ihnen einige **Zahlen** zum berühmten **3-Schluchten-Damm** in China aufzähle (von dem

Sie irgendwann garantiert im Fernsehen gehört oder in Zeitungen gelesen haben und den Sie zigmal im Internet finden können), dann »sagen« Ihnen diese nicht viel. **Deshalb kann auch kaum eine/r meiner TeilnehmerInnen diese Zahlen nennen**, wiewohl jede/r sie schon mehrmals wahrgenommen hat. Für eine Prüfung könnte man die Zahlen PAUKEN, aber das würde kein echtes **Verständnis** auslösen, also könnten Sie die Fakten nicht gut KONSTRUIEREN und demzufolge **später** nicht gut RE-KONSTRUIEREN (erinnern). Sage ich Ihnen aber, daß der **Stausee**, den der Damm produziert, **von Holland bis Basel** reichen würde, dann erhalten sie einen **VERGLEICH** zu einer Ihnen bekannten STRECKE und können sich ein erstes **Bild machen**. Wer **danach** die tatsächlichen Zahlen wahrnimmt, wird sowohl die **2 km BREITE** (des Dammes) sofort (ins Wissens-Netz) »einordnen« können als auch anderes Zahlenmaterial über den Damm sofort BEGREIFEN – und sich deshalb auch MERKEN. So LERNT man LEICHT, statt wie im Regelschulsystem **blind** (= ohne intelligente geistige Bilder).

Das beste Antidot gegen Pauken ist echtes **LERNEN (= BEGREIFEN, worum es geht**). Denn was wir begriffen haben, brauchen wir **nämlich nie zu pauken**.

Die Tatsache, daß die meisten Leute dies zunächst gar **nicht glauben** können, zeigt, wie wenig ECHTES LERNEN im Regelschulsystem stattfindet! Das gilt nicht nur für Deutschland (ich schule in vier Sprachen), sondern für fast alle sogenannten frühindustrialisierten Länder (also für ganz Europa, Amerika, Australien etc.)! Ausnahmen sind seit den 1990er Jahren die skandinavischen Länder, Neuseeland sowie einige asiatische Länder (Singapur, Südindien, Korea etc.).

BEGREIFEN ERSETZT PAUKEN

Wollen wir uns die Liste von Seite 14 noch einmal ansehen. Interessanterweise ergeben sowohl die Begriffe als auch deren Reihenfolge Sinn. Die Liste enthält wichtige **Stichwörter zur NEUROGENESE**, das heißt zum **ständigen Nachwachsen** (Genese = »Geschaffenwerden«) **neuer NERVENZELLEN** (Neuronen), festgemacht an einem **Gleichnis**:

> Stellen Sie sich ein gigantisches **KLOSTER** (Ihr Gehirn) vor, in dem viele fette alte **MÖNCHE** wohnen; sie sind nicht mehr lernbereit. In der Nähe des **TOR**s warten geduldig sogenannte **NOVIZEN** (= Neumönche). Wenn irgendwo im Kloster eine Lernaufgabe ansteht, sind sie **BEREIT**, bei dieser **AUFGABE** zu **HELFEN**. Also **EILEN** sie dorthin und unterstützen die alten Mönchen beim **LERNEN**. Wann immer ein Novize ins

Kloster eilt, wächst sofort ein neuer nach. Dieser **KREISLAUF** hält das gesamte Kloster (Gehirn) lernbereit – bis zum Tod des Gehirnbesitzers.

Neurogenese macht uns **lernfähig**, und zwar **durch das Erkennen von Sinn**, durch **Begreifen von Bedeutung**, durch **Verstehen** etc.
Kommt sie zum Erliegen, weil die jungen Novizen zu lange »warten« müssen und nicht »ins Kloster« gerufen werden (weil der Mensch, in dessen Gehirn sich das abspielt, nicht bereit ist zu lernen), dann wird dieser Gehirn-Besitzer **depressiv**. Hat der/die Betroffene viel Testosteron im Körper (vor allem bei **jungen Männern** der Fall), wird er/sie **aggressiv**.
Lernen wir hingegen regelmäßig, werden ständig **neue Neuronen** (= Novizen) durch nachwachsende ersetzt, und wir bleiben körperlich wie geistig fit. Das ahnten bereits die alten Römer, als sie feststellten, daß ein gesunder Körper und ein gesunder Geist miteinander einhergehen… Wir fügen also unserem Gleichnis vom KLOSTER hinzu:

> PAUKEN ist der **verzweifelte Versuch** der »fetten alten Mönche«, ohne Hilfe der Novizen zu lernen.

Deshalb muß man sehr viel Zeit und Kraft investieren, um kurzzeitig (z.B. bis zur nächsten Prüfung) eine **sehr magere Ausbeute** zu gewinnen. Würden wir stattdes-

sen **gleich richtig lernen**, könnten wir mit Hilfe der JUNGEN NERVENZELLEN (jenen Novizen nämlich) folgendes erreichen:
- Wir könnten mit weit **weniger Zeit- und Energieaufwand** lernen.
- Die neue Info wird in unser **Wissens-Netz integriert**.
- Das Gelernte bleibt **langfristig** im Gedächtnis, als **Teil unseres Wissens**.

Fragt sich nur noch, welche Techniken uns dabei helfen, wenn wir durch das Regelschul- und Ausbildungs-System fast ausschließlich Pauk-Methoden kennengelernt haben. Darum soll es in **Teil II** (ab Seite 39) gehen.

Nun fehlt nur noch die Antwort auf die eingangs gestellte Frage: »Welcher Aspekt ist für erfolgreiches Lernen am **wichtigsten**?« Ich hatte zur Wahl gestellt: Interesse beziehungsweise Motivation, viele Wiederholungen oder Angst vor schlechten Noten. Ich hatte bereits angedeutet, daß sich die Antworten in der Regel einigermaßen gleichmäßig auf alle drei Möglichkeiten verteilen. Tatsache aber ist, daß die beiden ersten Punkte genaugenommen BEGLEITERSCHEINUNGEN sind (sogenannte Epi-Phänomene), die sich **automatisch ERGEBEN**, wenn wir gehirn-gerecht vorgehen.

Gehirn-gerechtes Lernen produziert ein Hormon im Gehirn (DOPAMIN), das uns motiviert, am Ball zu bleiben. Dadurch entwickeln wir INTERESSE (Interesse geht mit MOTIVATION einher, es entsteht nicht im Vakuum). Ähnlich sind wir durch die »Dopamin-Duschen« bereit, viele Wiederholungen zu durchlaufen (bei Tätigkeiten), weil wir Freude daran haben zu sehen, wie wir langsam immer besser werden. Beim Erwerb von WISSEN müssen wir nur wenige intelligente Wiederholungen machen, da wir ja durch Verstehen (Begreifen) lernen, aber bei Tätigkeiten sind soundsoviele Wiederholungen nötig, ehe die neue Nervenbahn für diesen Ablauf angelegt ist. Und der dritte Punkt ist ein gutes Beispiel dafür, daß gehirn-gerechtes Lernen seine eigene Belohnung in sich trägt, da muß uns niemand mit der Angst vor schlechten Noten und vor dem Sitzenbleiben »vergewaltigen«!

Sie sehen also, daß es sich durchaus lohnt, »richtig« (= gehirn-gerecht) zu lernen, auch wenn Sie sich »nur« auf eine PRÜFUNG vorbereiten möchten! Zum einen macht gehirn-gerechtes Lernen extrem viel Freude, zum anderen ist alles, was Sie lernen, hilfreich, wenn Sie in der Zukunft einmal etwas Ähnliches lernen wollen/sollen oder etwas, das man als Fortsetzung sehen könnte.

Zum **Abschluß von Teil I** möchte ich Ihnen noch ein Wortbild (s. MERKBLATT Nr. 4, Seite 99ff.) zu unserem Schlüsselbegriff anbieten und die Einträge kurz kommentieren.

Die Begriffe **PAUKEN** und **GEIST**-volles Lernen (mit Sinn, Bedeutung) wurden oben schon erklärt, eben-

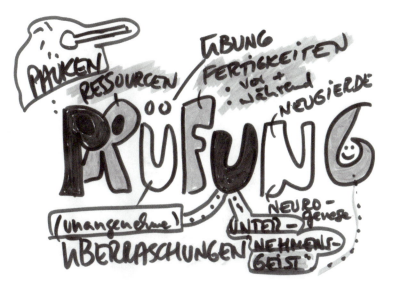

so wurde die **NEUROGENESE** kurz vorgestellt, deren Fehlen zu Depression führt, während wir beim Gegenteil neben Gesundheit und Fitneß auch unseren **UNTERNEHMUNGSGEIST** aus ihr ziehen.

Wann immer wir **LERNEN**, müssen wir neue **NERVENBAHNEN** aufbauen, die anschließend genutzt werden. Beim **PAUKEN** werden nur »Hilfsbahnen« angelegt, vergleichbar dem Nähen mit einem **Heftfaden**, der ein Gewand auf Dauer auch nicht zusammenhalten kann. Das **GEWAND** könnte übrigens eine weitere Metapher neben dem **WISSENS-NETZ** und dem

WISSENS-GEBÄUDE sein... Jedenfalls nützen die Hilfsbahnen des **PAUKENS** wenig und nur kurzfristig, so daß sich die Mühe letztlich **nicht** lohnt und eine Verschwendung Ihrer geistigen **RESSOURCEN** darstellt.

Echtes LERNEN und NEUROGENESE gehen mit **NEUGIERDE** einher. Und es macht Spaß, Dingen nachzugehen, für die wir **NEUGIERDE** empfinden, während **PAUKEN** langweilig ist und den **GEIST** frustriert (schließt)!

Bleiben noch drei Begriffe zu besprechen:
- **ÜBERRASCHUNGEN**
- **ÜBUNG**
- **FERTIGKEITEN VOR und WÄHREND der Prüfung**

Es gibt zwei Formen von **ÜBERRASCHUNGEN**, eine ist angenehm, die andere nicht: Wenn wir vor allem **PAUKEN**, werden wir oft während der Prüfung **ÜBERRASCHT**, weil eine Frage etwas anders formuliert ist oder einen Sachverhalt anders darstellt, als wir ihn ge-**PAUK**-t hatten, so daß die wackelige Hilfsbahnen Konstruktion nicht erkennen kann, worum es geht, und wir die Infos **nicht abrufen können**. Angenehm sind hingegen **ÜBERRASCHUNGEN** beim echtem **LERNEN**, wenn wir auf **Erkenntnisse** stoßen, die uns **verblüffen** (sogenannte Aha-Erlebnisse), die beim **PAUKEN** jedoch so gut wie nie auftreten.

Antworten und Auflösung der kleinen Aufgaben 35

Was das **ÜBEN** angeht, so sollte auch klar sein: Wer in der Vergangenheit fast ausschließlich ge-PAUK-t hat, wird das wirkliche LERNEN zunächst ein wenig **zögerlich** angehen. Deshalb ist es wichtig, einen neurologischen **TRICK** zu kennen (er gilt auch für das Training von Verhaltensweisen):

> **INTERVALL-LERNEN**: Immer wieder nur einige **wenige Minuten lang** das Neue lesen, schreiben, praktisch **üben**, dann **Pause** machen. So kann man am leichtesten **umlernen** und sich an die Vorteile echten Lernens gewöhnen.

Beispiel Schreibmaschine schreiben: Früher schrieb ich im Adler-Such-System (kreisen und blitzschnell zustoßen). Einerseits hätte ich sehr gern das 10-Finger-System beherrscht, da ich in zunehmendem Maße tippen mußte, aber es war mir nicht möglich, es zu lernen, da ich eine traumatische Schul-Erfahrung damit hatte. Diese führte dazu, daß ich jeden Versuch nach wenigen Minuten abbrechen mußte, weil so viel Haß und Frust in mir aufstieg, daß ich nicht weiterüben konnte. Das Problem hatte ich schon einige Zeit vor mir hergeschoben, als ich auf die Vorteile des INTERVALL-LERNENs stieß. Nun fragte ich mich, ob das vielleicht auch hier anwendbar wäre, und beschloß zu experimentieren. Ich probierte drei Dinge parallel: Erstens **übte ich nur sehr kurz** (jeweils maximal drei Minuten pro Trainings-Session), zweitens trainierte ich **extrem langsam**, und drittens ließ ich eine bestimmte **Musik** laufen, die ich damals sehr gern hörte, sozusagen als **Gegenmaßnahme** zu den extrem unangenehmen Gefühlen.

Nun, die Dreifachstrategie half: Ich überwand meine negativen Gefühle, weil ich sie jeweils nur kurz erleben mußte (bis meine Timer-Glocke schrillte) und sie durch die wunderbare Musik »abfedern« konnte. Das langsame Tempo tat das übrige (vgl. Seite 73ff.).

Beispiel **Verhaltensänderung**: Von den LeserInnen meines Hosentaschenbüchleins »Fremdsprachen lernen für Schüler mit der Birkenbihl-Methode« berichteten einige, daß sie es anfänglich etwas schwerer finden, den gehirn-gerechten LERNWEG zu gehen, und deshalb am liebsten weiter Vokabeln PAUKEN würden (weil sie daran **gewöhnt** sind). Wer aber täglich zweimal drei Minuten lang den NEUEN Weg probiert und den Vorteil erlebt hat, im Unterricht genau zu wissen, wovon die Rede ist, kann den alten Impuls, Vokabeln zu pauken, immer mehr abschwächen. **Nach ca. sechs Wochen** ist er ganz überwunden! Jetzt kann man erstens mit halbem Aufwand bessere Noten schreiben, zweitens beginnt man, die Fremdsprache langsam zu MEISTERN, und drittens hat man mehr Zeit für andere wichtige Dinge im Leben. Das können andere Fächer oder Hobbys sein.

Die FERTIGKEITEN VOR und WÄHREND der Prüfung sind die Fertigkeiten der KONSTRUKTION

und der **RE-KONSTRUKTION**, das heißt der Art, wie wir Wissen »produzieren«, um es später (u.a. in Prüfungen) **ABRUFEN** zu können. Das ist das Thema von Teil II.

TEIL II:
LERN- und Arbeits-TECHNIKEN, um Prüfungen zu bestehen

ABC.s ANLEGEN

Wie in der Einführung angesprochen, lagere ich Infos, die meine bisherigen LeserInnen voraussichtlich schon kennen, in **MERKBLÄTTER** aus, damit Überschneidungen meiner Werke (im Haupttext) weitgehend vermieden werden. Wem der Begriff ABC-Listen oder ABC.s also noch nichts sagt, bitte dort weiterlesen, ehe Sie hierhin zurückspringen (s. MERKBLATT Nr. 3, Seite 92ff.).

ABSTRAKTIONS-MECHANISMUS

Wir lernen am besten durch Ausprobieren, Mitmachen, Nachmachen etc. (z.B. unsere Muttersprache*). So assimilieren wir unheimlich viel, denn das Imitieren dessen, was man uns vorlebt, ist einer der wichtigsten Neuro-Mechanismen, der das Überleben in der Gruppe ermöglicht! Und genau dieser angeborene Lern-Vorteil

---

* Man lernt die Muttersprache so »perfekt«, wie die Umgebung sie spricht. Sagen die Menschen in unserer Nähe ständig: »Der Mann, der wo da an der Ecke stehen tut«, dann lernen wir eben das.

wird »mit Füßen getreten«, wenn die Schule darauf beharrt, über Dinge zu reden, die wir durch Handeln viel leichter lernen könnten! Denn wie Experimente seit den 1930er Jahren deutlich gezeigt haben, bringen Grammatik-Übungen überhaupt nichts. Sie vergeuden wertvolle Zeit und lösen einen »(Mutter-)SPRACHE-IST-BLÖD-MECHANISMUS« aus, der eine spätere Meisterschaft der Sprache deutlich erschwert und auch auf das Erlernen von Fremdsprachen übertragen wird. Grammatik stellt genaugenommen eine **Kunst** dar, die vor 2500 Jahren von einem alten Mann (namens PANINI) in Indien erfunden wurde und die er mit seinen Freunden pflegte (wie manche heute SUDOKUs lösen).* Dieses Hobby einiger alter Männer sollte aber **erst in der Oberstufe des Gymnasiums »drankommen«**, noch besser erst auf der Universität – und zwar freiwillig, also nur für jene, die sich dafür interessieren. Aber zu glauben, wir helfen dem 10jährigen Sohn eines Metzgers oder der 11jährigen Tochter einer Putzfrau, wenn wir sie zwingen, sich mit grammatikalischen »Sudokus« zu befassen, und ihnen eine schlechte Note zu geben (beziehungsweise sie sogar SITZENBLEIBEN zu lassen), wenn sie es nicht schaffen, ist menschenverachtend. Erstens hatte PANINI 60 Jahre Sprach-Erfahrung, als ihn die Einsicht traf, daß man Sprache ANALYSIEREN könnte – weit mehr, als

---

* Nach Frederick BODMER: »Sprachen der Welt«.

ABSTRAKTIONS-MECHANISMUS 43

die Schüler haben –, und zweitens tun sich Kinder aus sogenannten bildungsnahen Familien sehr viel leichter, weil ihr Sprach-VERMÖGEN auf einem weit höheren Niveau liegt als das von Kindern aus bildungsfernen (oder bildungsfeindlichen) Haushalten. Einem solchen Kind hilft es **nicht**, mit Grammatik ÜBER eine Sprache zu reflektieren, die es noch nicht beherrscht. Ganz im Gegenteil: So hält man es **äußerst erfolgreich davon ab, sich intensiv mit der Sprache zu beschäftigen**, wie dies z.B. beim Singen von Liedern oder bei Theater- beziehungsweise Rollenspielen stattfindet. Diese Aktivitäten bringen **das Sprachvermögen von Kindern aus bildungsfernen Familien oder von Migrantenkindern, in kürzester Zeit um Jahre nach vorn**, wie Experimente gezeigt haben*.
Einer der Max-Planck-Mitarbeiter, der im Fernsehen diesbezüglich interviewt wurde, war über den Erfolg total überrascht. Aber es ist überhaupt nicht überraschend, wenn wir den **Neuro-Mechanismus** der AB-STRAKTIONS-FÄHIGKEIT respektieren, der uns

---

* Vgl. Alfie KOHN: »The Schools Our Children Deserve«; für Deutschland soll das berühmte Experiment der Max-Planck-Forscher stehen, die ein Sommercamp mit Theaterspiel veranstaltet haben. Sie können den trockenen Bericht auf der Website des Max-Planck-Instituts für Bildungsforschung (www.mpib-berlin.mpg.de) lesen oder die DVD von Reinhard KAHL ansehen (»Das Wunder von Bremen. Das Jacobs-Sommercamp«).

(Spiel-)REGELN **unbewußt besser lernen** läßt als bewußt. Hier unterbindet die Schule wieder einmal den optimalen Lernerfolg, wenn sie mit den Kindern nicht »Sprache anwendet«, sondern »über Sprache arbeitet«, z.B. indem Regeln gepaukt oder Grammatik-Übungen durchgeführt werden. Schule ist eben immer noch am leichtesten für Kinder aus **bildungsnahen** Familien – unabhängig von den Lippenbekenntnissen unserer Politiker, die das Gegenteil behaupten. Schade!

Wenn Ihnen das einleuchtet, dann sind Sie sicher bereit, die beiden folgenden kleinen Versuche durchzuführen (und später in ähnlicher Form zu lernen):

1. **Beginnen Sie mit einer Sprache**, die Ihnen noch unbekannt ist, z.B. Italienisch. De-Kodieren Sie ein Lied (s. nächster Abschnitt, Seite 45ff.) und singen Sie es einige Male in diesem komischen »Pseudo-Deutsch«, ehe Sie beginnen, es im Original zu singen. Sie werden erstaunt sein, wie viele Wörter Sie schon nach diesem einen Lied (einer Strophe) kennen. Wer ca. sechs bis acht Lieder hinter sich hat, beginnt die Struktur der Sprache zu »fühlen«, das heißt, sein Unbewußtes beginnt, jene (grammatikalischen) Spielregeln zu »finden«, die wir eben nicht bewußt lernen müssen.

2. **Lernen Sie einen neuen Tanz** (mit Hilfe einer DVD), aber nicht indem Sie Anweisungen befolgen (z.B. wann Sie Ihr Gewicht wohin verlagern sollen, in welchem Winkel Sie Ihren Körper drehen müs-

sen etc.), sondern lediglich durch ZUSCHAUEN und (nach einigen Malen) vorsichtigem MITMACHEN, bis Sie das, was Ihnen die DVD zeigt, NACHMACHEN können. Das ist der Königsweg für das Lernen von Verhalten durch Training (vgl. auch TRAINING – EXTREM LANGSAM, Seite 73ff.).

De-Kodieren statt Vokabel-Pauken?

Mit **De-Kodieren** meine ich das wortwörtliche Übersetzen. Stellen Sie sich vor, der fremdsprachliche Text ist ein geheimer CODE, den Sie knacken wollen. De-Kodierungen machen eine Sprache quasi transparent, Sie können »hineinschauen« und auf diese Weise Einsichten gewinnen, die Sie sonst nie erlangt hätten.

Das häufigste Argument gegen das De-Kodieren lautet: Dabei entsteht aber kein gutes Deutsch! Das ist richtig, aber das Ziel muss doch das **Erlernen der fremden Sprache** sein (zu verstehen, wie diese »funktioniert«) und nicht, heimlich Deutschunterricht zu »machen« – während man eigentlich Latein, Englisch (teilweise neuerdings sogar Chinesisch etc.) lernen will. Beispiel:

NI HON JIN **NI HON** **GO O**
Ja- pan Mensch Ja- pan Sprache- O

HANA-SHIMAS.
sprechen-tun.

Anmerkungen:
1. Die Konstruktion **LAND + MENSCH** (»Japan Mensch«) ist in vielen Sprachen üblich, während indoeuropäische Sprachen dem (verkürzten) Landesnamen (Deutsch, America) oft eine Endung verpassen (ein Deutsch**er**, an america**n**). **Das findet unser Unbewußtes ganz allein heraus** (wenn wir es zu-LASSEN), weil die De-Kodierung uns zeigt, wie die jeweilige Sprache ausdrückt, daß jemand ein Bewohner oder Bürger eines bestimmten Landes ist. Darüber muß man nicht bewußt nachdenken, wenn uns die Regel nicht interessiert. Nach einer Weile KANN MAN ES EINFACH TUN (wie in der Muttersprache).
2. Am Ende der Wendung **Sprache-O** entdecken wir das »-O«. Es zeigt eine wichtige Regel des De-Kodierens (nach **BIRKENBIHL**): Alles, was de facto unübersetzbar ist (ohne eine Grammatik-Erklärung abzugeben), wird einfach in die De-Kodierung übernommen. So lernen wir (genau wie japanische Kinder), daß an diese Stelle ein »-O« gehört, ohne zu wissen, warum! Man gewöhnt sich daran, und nach einer Weile entwickelt man ein »Gefühl« dafür. Es ist wirklich spannend!
3. Bei HANA-SHIMAS (»sprechen-tun«) sehen wir einen weiteren Vorteil des De-Kodierens: Wir begreifen ohne lange Erklärungen oder Grammatik-Regeln, daß im Japanischen das bei uns so verpönte

»tun« auftaucht; deshalb behaupten Lehrbücher auch gern, »hana-shimas« sei ein einziges Wort und »shimas« lediglich eine Nachsilbe. So wird man belogen, damit die fremde Sprache dem eigenen Wertsystem untergeordnet werden kann …

Während das stupide Vokabel-PAUKEN die wache Intelligenz im Gehirn-Besitzer beleidigt, **weckt De-Kodieren den Forscher-GEIST!** Es kann zu höchst spannenden Einsichten führen, und zwar sowohl in der Zielsprache als auch in der eigenen! Ist Ihnen z.B. schon einmal aufgefallen, daß wir im Deutschen eine **Entscheidung treffen** (wie ein Ziel, das man erfolgreich treffen will), während Franzosen und gebildete Engländer sie »nehmen«: **prendre une decision**; (to) **take a decision**). Bildungsfernere Engländer und Amerikaner »machen« hingegen Entscheidungen: (to) **make a decision**.

In meiner Buch- und gleichnamigen DVD-Seminar-Reihe »Von Null Ahnung zu etwas …« sind inzwischen die ersten vier Werke erschienen (CHINESISCH, JAPANISCH, ARABISCH und TÜRKISCH). Bei diesen geistigen Abenteuern lernt man so manches in der eigenen Sprache bewußt zu registrieren.

Lern-Vorteile (um nur einige zu nennen):
- Oft wird versucht, uns einzureden, der Begriff »WADE« sei im Chinesischen ein einziges (angeblich dreisilbiges) Wort. Genaugenommen bedeutet

die chinesische Entsprechung aber **BEIN – BAUCH – KIND**. Noch genauer stellt **Kind** (am Wortende) eine **Verniedlichung** dar, die unserem »-chen« oder »-lein« entspricht. Also können wir einfach **de-kodieren**: **BEIN – BÄUCH – LEIN**. Wenn wir später einzelnen Teilen solcher Begriffe (hier also **BEIN** und/oder **BAUCH** und/oder **KIND**) erneut begegnen, wundern wir uns nicht, dieselbe »Silbe« zu erkennen, die »zufällig« auch noch mit demselben **Schriftzeichen** geschrieben wird. Beim Vokabel-Pauken sollen wir annehmen, es sei Zufall, daß dieselben »Silben« wieder auftauchen, beim De-Kodieren können wir alte Freunde **wiedererkennen** und sofort einordnen.

- Wenn wir begreifen, daß **GENOSSE** im Chinesischen wörtlich GLEICHES DENKEN (beziehungsweise übereinstimmende Meinung) bedeutet, können wir die Idee hinter dieser Anrede weit besser nachvollziehen. Vielleicht animiert Sie das, einmal der Wurzel von »Genosse« nachzugehen und sich zu fragen, ob auch ihm eine besondere Bedeutung innewohnt. Im »Etymologischen Wörterbuch des Deutschen« (von dtv) finden wir interessante Hinweise, aus denen hervorgeht, daß auch unsere Sprachen (Deutsch, Englisch und Niederländisch) dieselbe Bedeutungswurzel kennen (Ahd. *gi'nöj* (8. Jh.), *ginöjo* (9. Jh.), mhd. *genöy(e)* »wer mit anderen etw. gemeinschaftlich hat, gleich an Wesen,

Stand, ebenbürtig ist, Gefährte«, asächs. *ginöt,* mnd. *genot(e),* mnl. *ghenoot,* nl. *genoot*…).
- Was erleben Sie, wenn Sie registrieren, daß unser indo-europäisches **VATER-LAND** im Chinesischen zu **AHNEN-LAND** wird? Das schließt die **Frauen** mit ein. Interessant, nicht wahr? Könnte Sie das nachdenklich machen? Dann haben Sie begriffen, warum ich De-Kodieren (beziehungsweise de-kodierte Texte bewußt ansehen) als intelligentes Lernen bezeichne, während PAUKEN doch ziemlich stupide ist…
- Wenn wir das chinesische Schriftzeichen für **MÜDE** betrachten, stellen wir folgendes fest: Es enthält das FELD (in China typische **Männerarbeit**) sowie das Schriftzeichen für SPINNEN (in China **Frauenarbeit**). Ist das faszinierend? Unsere indoeuropäischen Wörter für »müde« (tired, fatigué, stanco etc.) sagen absolut nichts darüber aus. Solche Vergleiche führen **zu weit tieferen Einsichten in die fremde Sprache**.

Daher dürfte es wohl kaum verwundern, wenn die fremde Sprache bald weit **weniger fremd** auf uns **wirkt**. Ganz anders, wenn wir vokabelartige Verbindungen pauken, die genaugenommen oft gar nicht wirklich (überein-)stimmen. Übrigens ist es immer wieder interessant zu beobachten, wie **erstaunt** viele Menschen sind, wenn sie sich **einstmals ge-PAUKT-e**

Sprachen durch De-Kodieren neu erschließen (z.B. weil sie ihren Kindern oder SchülerInnen beim De-Kodieren helfen). Deshalb wäre es wunderbar, wenn Sie das erste Experiment (Seite 44) tatsächlich durchführen würden und möglichst viele Menschen dazu animieren könnten, mitzumachen…

Demokratische Definitionen

Es ist sinnlos, Definitionen zu pauken. Stattdessen schlage ich folgendes Spiel vor, mit dessen Hilfe Sie **sowohl** jede Menge Spaß haben werden **als auch** Definitionen einspeichern können, ohne sie (wie üblich) zu PAUKEN. Zum Ablauf: Man wählt **wenig bekannte Begriffe**, zu denen **alle** Anwesenden **versuchen**, eine Definition zu finden. Aber es ist nicht ganz ernst gemeint, denn es gilt die Regel: **Was man nicht weiß, wird erfunden**.

Nun schmuggelt der/die SpielleiterIn eine **vorab vorbereitete** (»richtige«*) **Definition** aus dem Lexikon beziehungsweise Wörterbuch mit in den Stapel. Ab hier kennen Sie das Spiel vielleicht: Normalerweise versuchen die Spieler zu erraten, welche Definition die »richtige« ist. Aber in meiner Spiel-Variante, die ich als DEMOKRATISCHE DEFINITIONEN bezeichne, gehen wir anders vor: Es werden alle Definitionen vorgelesen, und danach wird (oft unter viel Gelächter)

---

* Vgl. **MERKBLATT** Nr. 1, Seite 87ff.

DEMOKRATISCH abgestimmt, welche uns am besten **gefällt** (unabhängig davon, welche man für »richtig« hält). Besonders lustig kann es werden, wenn man **vorgibt**, Wortteile zu »erkennen« (**Achtung**: Es ist ein Spiel!), und in die Definition einbezieht, z.B.:

iatrogen: Der Wortteil »ia« verweist auf das Geschrei von Eseln, der »trog« läßt auf Futter schließen, und »gen« leitet sich von Genetik her. Damit handelt es sich um einen Begriff, der **die Vererbbarkeit von Eselsgeschrei am Futtertrog** zum Inhalt hat.

Schließlich klärt der/die SpielleiterIn auf, ob man die »richtige« Definition gewählt hat. Wenn **nicht**, wird das **Rätsel** aufgelöst. Denken Sie an die beliebte TV-Sendung GENIAL DANEBEN: Hier werden neben Definitionen auch Erklärungen gesucht. Dabei geht es mehr um den **Spaß an willkürlichen Theorien** und ganz nebenbei **lernt man so einiges**! So ist auch die »richtige« Definition von »iatrogen« selbstverständlich eine andere:

Der Begriff enthält griechisch »**iatr...**« (das hat immer mit HEILEN zu tun) plus griechisch »**gen**«, das heißt »geschaffen«, (vgl. »Genetik«, »Genesis«). In der **Zusammensetzung** entsteht die Bedeutung VON HEILENDEN (Ärzten, Krankenhauspersonal etc.) GESCHAFFEN. So gedeihen in Krankenhäusern besondere »Familien« von extrem resistenten Krankheitserregern, die gegen alle gängigen Mittel immun geworden sind. Wenn Sie sich dort, wo Sie sich zum

Zwecke der Heilung aufhalten, eine Infektion mit einer Bakterienart »einfangen«, der Sie zu Hause niemals begegnet wären, dann ist das eine **iatrogene** Infektion. Ebenso ist **jede** Fehlbehandlung (falsche Medikamente, falsche Dosierung, Kunstfehler) **iatrogener** Natur.*

VARIANTE: »GENIAL DANEBEN« (selbst) SPIELEN

Die preisgekrönte TV-Sendung hat viele Fans, die es genießen, wenn ge-WITZ-te Leute versuchen, die richtigen Antworten auf kuriose Fragen zu finden. Wenn ich solche Fans frage, wann sie zuletzt selbst »GENIAL DANEBEN« gespielt haben, dann schauen mich die meisten mit großen Augen an. Man kann die Sendung genießen und sie als Vorbild nehmen, aber trotzdem das eigene Gehirn einschalten und selbst spielen. Sie werden sich ausgezeichnet unterhalten.

Das Haupt-Problem scheint darin zu bestehen, Rätsel zu (er-)FINDEN. Inzwischen hat das GENIAL-DANEBEN-Team ein **Buch** (sowie einen **Abreißkalender**) mit Fragen und Antworten herausgebracht, die man **nachspielen** kann. Wenn jemand sich an eine Ant-

---

* Man geht heute davon aus, daß bis zu 50% aller medizinischen Probleme iatrogener Natur sind, und deshalb wird Ihnen der Begriff in der öffentlichen Debatte über Gesundheitsfragen noch oft begegnen…

Demokratische Definitionen

wort (aus der Sendung) erinnern sollte, kann er diese Runde aussetzen. Er darf zwar nichts sagen, aber er kann vielleicht Hilfestellung durch Gesichtsausdruck, Augenrollen u.ä. bieten…

Was ich an »GENIAL DANEBEN« so wunderbar finde, ist, daß man hier mehr als eine Minimal-Antwort (wie beispielsweise »d) Alexander der Große«) geboten bekommt und so wirklich etwas lernen kann – im Gegensatz zum typischen **TV-Quiz-Spiel**, bei dem die Menschen nachweislich nichts lernen (in meinem Buch »Trotzdem LEHREN« beschreibe ich solche Versuche). Deshalb empfehle ich bei solchen Quiz-Sendungen, mit anderen über interessante Fragen zu reden oder irgendwo nachzuschlagen. Am meisten gewinnen Sie als GENIAL-DANEBEN-SpielerIn, wenn Sie die Antworten noch um einiges üppiger ausstatten als in der TV-Sendung. Was hindert Sie daran, schnell mal im Internet nachzulesen und die Lösungen durch das Hinzufügen von neuen Infos anzu-REICH-ern? Nichts. Also bitte.

Denken Sie sich auch eigene Fragen aus. Wer beginnt, nach interessanten Aspekten zu suchen, stellt bald fest, daß die Bibel wieder einmal recht hat (»Suchet, so werdet ihr finden«). Bald fällt Ihnen immer häufiger etwas auf, das sich **als Rätsel eignen** könnte. Neulich zappte ich durch einige Sender und fand schnell zwei wunderbare GENIAL-DANEBEN-FRAGEN (die Antworten finden Sie in MERKBLATT Nr. 5, Seite 103ff.):

1. **Was ist BRUTALISMUS?** Vielleicht wollen Sie ein wenig raten, sich sogar mit jemandem austauschen (telefonieren, mailen), ehe Sie die Auflösung lesen?
2. **Worauf bezieht sich die Redewendung** »Hingehen, wo der Pfeffer wächst«?

Dieses Spiel eignet sich vorzüglich zum Lernen! Durch die albernen Definitionen, die Sie gehört haben, wird Ihnen der **zunächst neue Begriff** schon bald vertraut, so daß Sie jetzt die **tatsächliche** Bedeutung leicht verstehen und sich diese oft sogar **auf Anhieb merken** können (zumindest ist nur wenig Lern-Arbeit notwendig im Vergleich zum »ewigen« sturen Pauken). Die Erfahrungen sind großartig. Man »spielt« mit den Begriffen, wird vertraut und ist anschließend »total offen« für die »richtige« Info, wenn diese nachgeliefert wird. Übrigens habe ich »richtig« in Anführungszeichen gesetzt, weil sich auch angeblich hundertprozentig »richtige« Informationen einige Monate, Jahre oder Jahrzehnte später als »falsch« herausstellen können, wenn die Forschung zu neuen Ergebnissen kommt (s. MERKBLATT Nr. 1, Seite 87ff.).

Denk-Blockaden aufbrechen (DIALOG-SPIEL)

Diese Methode wurde für Situationen erfunden (in einem US-Schreib-Workshop), in denen wir einen Text frei formulieren müssen, während wir z.B. bei Multiple-Choice-Fragen diese besondere Art der Denk-Blockade nur selten verspüren. Es ist wichtig festzuhalten, daß vor allem **der Anfang schwerfällt**. Mit der folgenden Methode, die auch ein **Spiel** darstellt, können Sie solche Denk-Blockaden »durchbrechen«. Sie nutzen das alte Prinzip, daß man **am besten schreiben kann, wenn man erst einmal zu schreiben begonnen hat**. Dieses Spiel bietet einen **Anfang**, der IMMER (ich wiederhole: **immer**) funktioniert. Wenn man zu Hause öfter geübt hat, kann man die Technik auch in Streß-Situationen, also auch in Prüfungen anwenden. Selbst wenn die Methode uns 2 bis 3 Minuten kostet, so ist diese Zeit gut investiert, weil es danach zu FLIESSEN beginnt.

Das Vorgehen: Schreiben Sie einen kleinen **Dialog** auf, ein Gespräch zwischen Ihrem Stift und dem Blatt Papier (natürlich kann auch Ihre Kaffeetasse mit dem Papier/Monitor »sprechen«).

Beispiel:

PAPIER: Was ist, warum fängst du nicht an?
STIFT: Red doch keinen Mist! Was soll man denn machen, wenn keine Gedanken auftauchen?
PAPIER: Worum soll es denn gehen?
STIFT: Über die Rolle Amerikas, nachdem Europa ein wenig mehr zusammengewachsen ist.
PAPIER: Oh, spannend. Was ist denn die Haupt-Idee, um die es gehen könnte?

STIFT: Na ja, wir hätten weit mehr Menschen und eine höhere Wirtschaftskraft als die USA, wenn wir zusammenarbeiten würden.

PAPIER: Und was hindert euch daran, zusammenzuarbeiten?

Merken Sie es? Schon sind Sie **mitten im Thema**. Das DIALOG-SPIEL ist ein Spiel, das einfach Spaß macht, denn wir lieben Absurditäten. Und uns vorzustellen, was unsere Lampe und unser Aktenkoffer einander sagen wollen, kann sehr lustig werden. Daß dies **gleichzeitig** eine gute Schreib-Übung ist, ist die Sahne auf dem Kuchen. Am meisten Spaß macht es, wenn **mehrere** Menschen dasselbe Thema wählen (z.B. ein zeitgeschichtliches, über das derzeit viel berichtet wird), ihre Geschichten hinterher laut vorlesen und erkennen, auf wie viele unterschiedliche Arten die MitspielerInnen in das Thema »eingestiegen« sind. Übrigens ist es hilfreich, von Anfang an ein Zeit-Limit auszumachen (z.B. 5 bis 10 Minuten), damit man nicht ewig warten muß, bis alle fertig sind…

Noch ein **Sahnehäubchen**: So ein Spiel kann auch ein wundervoller **Auftakt** für eine angeregte **Diskussion** sein. Demnach ist das Spiel sehr gut für **eine Party** geeignet, damit alle schnell ins Gespräch kommen. Dies ist insbesondere dann hilfreich, wenn Sie verhindern wollen, daß die Schwiegermutter zum hundertsten Mal von ihren Hunden erzählt, die Nachbarin von ihrem

Chef etc. Dieses Spiel bringt alle Anwesenden schnell und leicht in ein **von Ihnen gewähltes Thema** »hinein«, ohne daß diese es merken…

Sie können auch eine »**demokratische**« Variante spielen (vgl. DEMOKRATISCHE DEFINITIONEN, Seite 50ff.) und hinterher nach Gefallen abstimmen…

Etymologische TÖPFE

Wir müssen z.B. in der Medizin oder in gewissen anderen Studiengängen furchtbar viele **Fachbegriffe** lernen (auch in der Schule!), und genau dafür möchte ich Ihnen jetzt einen Tip geben: Fachbegriffe fallen in der Regel in eine von wenigen KATEGORIEN. Wenn wir sie in die richtige KATEGORIE einsortiert haben, haben wir bewußt wahrgenommen und nachgedacht, also die besten Voraussetzungen für Merken durch Kapieren geschaffen!

Schreiben Sie die zu lernenden Fachbegriffe auf einzelne Zettelchen und sortieren Sie diese – anfangs SPIELERISCH – einfach nach Länge, nach Silbenzahl oder alphabetisch. Diese Spiele helfen Ihrem Gehirn, die Begriffe ein wenig kennenzulernen (genaugenommen betreiben Sie hier PRIMING, das unbewußte Wahrnehmen von Aspekten einer Sache, das uns ein späteres Lernen/Begreifen erleichtert).

Dies sind übrigens hervorragende Werbepausen-Spiele. Sie **gewöhnen** sich an den Anblick der Worte, und sie werden Ihnen langsam vertraut. Wir spielen »nur mal herum«, denn der Fachbegriff ist ja in der Regel ein **Fremdwort**, und ein Wort ist nur so lange **fremd**, wie es noch nicht vertraut ist…

Im zweiten Teil beginnen Sie, über die Begriffe nachzudenken, und sortieren sie nach **logischen Kategorien**. Dabei hat sich herausgestellt, dass es **drei große Töpfe** gibt, in die sich fast alle Fachbegriffe einordnen lassen. Und was sich nicht zuordnen lässt, kommt in den Topf »Sonstiges«, aber Sie werden sehen, das ist in der Regel nicht viel.

- Fachbegriffe sind ERSTENS Namen von **Menschen**, die etwas er- oder gefunden haben (ALZHEIMER, PARKINSON, SCHEUERMANN). Manchmal handelt es sich dabei auch um den Namen des ersten Patienten, aber es ist auf alle Fälle ein Eigenname (einer Person).
- ZWEITENS beschreiben Fremdwörter oft die FUNKTION (Tätigkeit, Arbeitsweise) einer Sache.
- DRITTENS erzählen uns viele Fremdwörter etwas über die FORM (das Aussehen) beziehungsweise den ORT, an dem etwas sich befindet. So erinnert z.B. der HIPPOCAMPUS Anatomen von seinem Aussehen her an ein Seepferdchen (griechisch hippocampus), weshalb sie diesen Teil des Gehirns so benannt haben.

Etymologische TÖPFE

Um die Fachbegriffe korrekt zuordnen zu können, benötigen Sie ein **etymologisches Wörterbuch** (also eines, in dem die Wortwurzeln aufgezeigt werden).*
Darin erfahren Sie z.B., daß das Wort **Encephalon** (Gehirn) aus dem Griechischen stammt (EN = INNEN, CEPHAL… = HAUPT) und wörtlich das »Kopfinnere« (genauer: »Hauptinnere«) heißt. Also fällt das **Encephalon** in die Kategorie FORM/ORT, denn hier wird der **Ort** beschrieben, an dem es sich befindet. (Man nahm damals übrigens an, es kühlt das Blut, während als »Denk-Organ« das Herz galt.
Oder wir sehen, daß das Wort **Hormone** abgeleitet ist vom Götterboten **Hermes**. Also ist es eigentlich ein Namenswort, aber es beschreibt **auch** eine Funktion, nämlich die **Funktion eines Überbringers von Nachrichten** (nur wesentlich zuverlässiger als unsere Brief-

---

* Geben Sie dafür lieber ein wenig mehr Geld aus, denn die billigen taugen meist nicht viel.

träger). Wir können es dementsprechend **auch** in Topf 2 einsortieren.

Genau das ist das Spannende daran, DENKEND zu lernen: Manche Begriffe passen in mehr als eine Kategorie, dann tragen wir sie in BEIDE ein, weil beides richtig ist. Aber indem wir entscheiden, haben wir auch gelernt – und zwar auf eine Art, die zutiefst MENSCHLICH ist (im Gegensatz zum PAUKEN!).

KaWa.s
Siehe MERKBLATT Nr. 4, Seite 99ff.

LÜCKENTEXTE
Sie können z.B. von **typischen Lehrbuchtexten** (Geschichte, Biologie, Erdkunde etc.) eine Fotokopie anfertigen und einige Wörter übermalen – da Sie zur Prüfungsvorbereitung spielen wollen: vor allem die WESEN-tlichen Begriffe, also Namen und Daten. Danach können Sie sich herrlich bei dem Versuch amüsieren, die fehlenden Wörter zu **erraten**. Lückentexte sind als Gruppenspiel auch für Menschen geeignet, die mit dem Thema überhaupt nichts »am Hut« haben (z.B. während man gemeinsam auf das Grillgut oder Essen wartet…).

MERKEN VERBOTEN (Experiment)
Halten Sie vor einigen Freunden einen kleinen Vortrag, bei dem Sie den Hörern alle 2 bis 3 Minuten einschär-

fen, **daß Sie sich absolut nichts merken dürfen**. Später testen Sie, wie viel sich Ihr Publikum NICHT gemerkt hat. Sie werden feststellen, es ist fast nichts. Denn durch das VERBOT wird die Aufmerksamkeit geweckt. Wir hören also weit genauer zu als »normal«, und dadurch merken wir uns auch mehr. Es ist so ähnlich, wie wenn Sie sich vornehmen, 60 Sekunden lang keinesfalls an eine weiße Maus zu denken. Indem wir fordern, sich ja nichts zu merken, lenken wir die Aufmerksamkeit punktgenau auf die Fakten, die man sich laut Anweisung nicht merken darf. Da aber, wie ich (auf Seite 21) angeführt habe, bewußt wahrgenommen und begriffen (fast) gleich ge-MERK-t ist, müssen Ihre Freunde sich diese Dinge merken.

Daraus können Sie ein **Spiel** machen: Stellen Sie kleinere Gruppen von Fakten zusammen, und tragen Sie diese vor beziehungsweise lassen Sie sie von anderen vortragen. Betonen Sie (oder der/die Vortragende) zwischendurch immer wieder, daß man nicht an diese Dinge DENKEN beziehungsweise sie sich keinesfalls MERKEN darf. Amüsieren sie sich ruhig, und beobachten Sie, wie dieser Neuro-Mechanismus (vgl. MERKBLATT Nr. 2, Seite 91f.) funktioniert.

PARALLEL-LERNEN

Beim ABSTRAKTIONS-MECHANISMUS (Seite 41ff.) ging es darum, daß unser Unbewußtes die (Spiel-)REGELN ganz allein formulieren kann. Aber wir können auch **Handlungen** ans Unbewußte delegieren, z.B. wenn wir jeden Abend dieselbe Strecke fahren und uns manchmal fragen, wie wir von der Brücke (Nähe Büro) bis fast nach Hause gelangt sind, obwohl wir uns bewußt gar nicht an diesen Abschnitt der Fahrt erinnern können. Ebenso können wir uns bei gewissen Handarbeiten unterhalten, wobei viele Frauen das besser beherrschen als Männer*. Beim Parallel-Lernen aber geht es darum, daß bestimmte Aspekte des Lernens besser unbewußt als bewußt »bearbeitet« werden, z.B. das sogenannte PASSIV-HÖREN bei der Birkenbihl-Methode, Sprachen zu lernen (vgl. mein Hosentaschenbüchlein hierzu beziehungsweise mein kostenloses **Video-Clip-Seminar für SchülerInnen** bei YouTube). Wir haben inzwischen auch andere Inhalte getestet und festgestellt, daß man das PASSIV-HÖREN ausgezeichnet benutzen kann, um sich auf eine spätere bewußte Auseinandersetzung mit einem Inhalt VORZUBEREITEN (man nennt das PRIMING, vgl. Seite 57). Also könnte man, während man eine Hausaufgabe erledigt, leise ein TV-Doku (oder ein Doku-Hörspiel) »laufen lassen«. Bei der TV-Doku braucht man gar nicht hinzuschauen, weshalb auch ein Podcast diese Funktion erfüllen kann. Wir haben festgestellt, daß so manches später leichter »eingeht«, wenn wir uns ge-PRIME-t

---

* Vgl. meine DVD »Männer/Frauen – Mehr als der kleine Unterschied«

haben. Wem das bei einer geistigen Tätigkeit zu anstrengend wird (den meisten Männern), kann sich zu anderen Zeiten PRIMEn, z.B. im Badezimmer, beim Joggen, auf Reisen etc.

PRÜFUNG SIMULIEREN (Vierer-Teams)

Diese Technik eignet sich besonders für Inhalte, die Sie nicht besonders interessieren. Damit Sie trotzdem nicht der Versuchung zu PAUKEN erliegen, habe ich folgende Technik entwickelt, die am besten in Vierer-Gruppen funktioniert. Man kann sie auch zu fünft anwenden, aber ab sechs Mitspielern oder MitspielerInnen sind zwei Dreier-Teams günstiger als eine Sechser-Gruppe. Bezeichnen Sie die Spieler nach den Buchstaben des Alphabets als A, B, C…

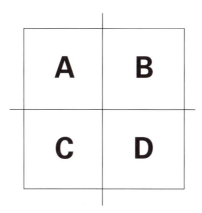

Nun wird der zu »paukende« Stoff durch die Anzahl der Mitspieler geteilt. Angenommen, es wären **40 Seiten** zu bewältigen, dann wäre jeder für ca. 10 Seiten zuständig (natürlich berücksichtigen wir das Ende eines Abschnitts auf der 11. Seite oder daß ein Abschnitt nach 9,5 Seiten zu Ende ist).

Danach »bastelt« jeder für seinen Abschnitt eine »Prüfung« für die anderen drei. Dafür sind einige der SPIELE in diesem Büchlein geeignet (z.B. LÜCKENTEXTE, TEEKESSEL-SPIELE) sowie einige der Methoden, Strategien, Tricks in meinen Büchern »Trotzdem LEHREN« und »Trotzdem LERNEN«*, »Das innere Archiv« sowie in meinem Bestseller »Stroh im Kopf?«.

Da jeder nur ein Viertel des zu meisternden Stoffes bewältigen muß, überfordert die Aufgabe niemanden.
Wichtig: Setzen Sie von vornherein ein Datum fest (Tage, nicht Stunden vor der tatsächlichen Prüfung), weil man weit besser auf einen konkreten Termin hin-

---

* Hierbei handelt es sich um das Hauptbuch für Erwachsene (Lehrer, Eltern, Selbst-Lerner etc.) mit dem Titel »Trotzdem LEHREN« und seinen »kleinen Bruder« für (junge) Leute, die nicht gern lesen; es ist eine ABGESPECKTE Version (Titel: »Trotzdem LERNEN«). Also bitte nie (für dieselbe Person) beide kaufen. Wer mit diesem Buch einsteigt und die anderen Titel später liest (also chronologisch rückwärts vorgeht), gewinnt am meisten, weil man auch die älteren Bücher unter dem neuesten und »vordersten« Blickwinkel besser nutzen kann.

arbeitet. Außerdem üben wir so zugleich wichtige Verhaltensweisen für die Welt außerhalb von Schule, Ausbildung etc. Man muß sich später auf wichtige Meetings, Verhandlungen etc. ähnlich vorbereiten wie auf eine Prüfung, allerdings darf man hier jede Art von Material mitnehmen oder sich mitten im Meeting per Telefon, Internet etc. erkundigen – im Gegensatz zu Examen an vielen Schulen, wo oft nicht einmal ein Wörterbuch erlaubt ist. Wie praxisfremd kann Schule noch werden?

Jedenfalls bereitet jeder seinen Abschnitt als »Prüfer« vor. Das hat einen weiteren Vorteil: Wenn man sich in den Kopf des Prüfers »hineinbegibt«, wird man einen Teil der Fragen, die er stellen könnte, selbst finden. Man denkt als »Prüfer« anders als als »Opfer« desselben!

Als nächstes finden die vier Prüfungen statt. Nun hat jeder ein Viertel des Stoffes so gut bearbeitet, daß er in diesem Bereich eine Note 2 oder eine 1 bekommen würde, denn sowohl die Vorbereitung als auch das »Durchführen« der Prüfung, in der man als Spielleiter die Fragen/Aufgaben stellt, überwacht etc., ver-TIEFen den eigenen Lernprozeß. Die anderen drei Viertel des Stoffes erlebt man als »Prüfling«; diese Textseiten hat man vorab einmal FLÜCHTIG gelesen (PRIMING, s. Seite 57). Diese Art der oberflächlichen Vorbereitung sagt dem Gehirn, wenn innerhalb einiger Tage wieder etwas davon auftaucht, daß das wohl wichtig ist, und erhöht die Merkfähigkeit für die zuvor ge-PRIM-ten Infos. So er-SPIEL-en Sie sich also für diese drei Viertel mindestens die Note 4. Insgesamt müßten Sie sich also die Note 3 (plus/minus bis zu einer Note) er-SPIEL-en können, ohne auch nur einmal ge-PAUK-t zu haben. Was immer nach dieser Prüfungs-Simulation im Hirn »hängen« bleibt, ist WISSEN, das Sie ge-LERN-t haben. Und laut unserer Definition in Teil I bedeutet das, daß Sie diese Infos ab diesem Zeitpunkt jederzeit wieder assoziativ »anzapfen« können. Sie haben Ihr Wissen vermehrt.

TAPETEN-EFFEKT

Zwar beginnt die Vorbereitung zu Hause, aber der TAPETEN-EFFEKT entfaltet sich **während der Streß-Situation**. Das kann eine PRÜFUNG sein, aber auch ein schwieriges Meeting oder ein Interview, vor dem wir Angst haben. Worum geht es beim Tapeten-Effekt? Denken Sie mit: Wenn wir versuchen, uns bestimmte Informationen für eine zukünftige Situation zu merken, dann konzentrieren wir uns meist ausschließlich auf diese Fakten und »vergessen« die gesamte Umgebung. Tatsache aber ist, daß unser Gehirn Daten nicht im Vakuum speichern kann. Unser Gedächtnis hat zunächst die Funktion, uns beim Überleben zu helfen, **deshalb merken wir uns die Dinge GANZHEITLICH.** Wir können uns das so vorstellen, als gäbe es eine metaphorische **TAPETE** um uns herum, die wir automatisch mit **einspeichern** und später mit uns nehmen. Nun gilt die Regel:

> Je mehr Aspekte dieser Tapete wir in die Streß-Situation ÜBERTRAGEN (= hinübertragen), desto leichter werden die Daten wieder abrufbar, weil sie de facto an der Tapete »dranhängen«.

Wenn uns das einleuchtet (Hintergründe s. MERKBLATT Nr. 6, Seite 105ff.), müssen wir uns fragen, was wir alles zur »Tapete« machen können, damit wir uns diesen Neuro-Mechanismus (vgl. MERKBLATT Nr. 2, Seite 91f.) zunutze machen können. Gehirn-gerechtes Vorgehen heißt, **vorhandene Neuro-Mechanismen aktiv zu nutzen**, statt wie bei herkömmlichen Schul-Pauken **vehement gegen sie zu verstoßen**. Beispiele für den Tapeten-Effekt:

- KLEIDUNG: Wer zu Hause in »alten Sachen« lernt, für die Prüfung (das Job-Interview, das wichtige Meeting mit Kunden etc.) aber die »guten Kleidungsstücke« anzieht, hat einen wichtigen Aspekt der potentiellen TAPETE verspielt. Lieber das Oberteil (sei dies nun ein T-Shirt, ein Hemd oder eine Bluse) mehrmals kaufen, damit man es sowohl beim Lernen (beziehungsweise bei der Vorbereitung) als auch bei der Prüfung tragen kann!
- ARBEITSMATERIAL: Hier machen viele den nächsten Fehler – sie benutzen zu Hause »altes Zeug«

(Bleistift-Stummel, Schmierpapier, den alten Taschenrechner etc.), führen aber, wenn Sie »in die Welt hinausgehen«, neue Sachen mit. **Merke**: Es müssen dieselben Stifte sein (Duplikate sind ok, solange sie gleich aussehen und sich gleich anfühlen), dieselbe Art von Schmierpapier oder Blöcken, Heften etc. (lieber das »alte« Schmierpapier von zu Hause AUCH in der Streß-Situation einsetzen), der gleiche Taschenrechner, dasselbe Nachschlagewerk (falls Sie bei Übersetzungen nachschlagen dürfen) etc.

- SCHMUCK: Vieles nehmen wir »aus den Augenwinkeln« beziehungsweise unbewußt wahr. Das gilt vor allem für Ringe, Armbänder, Armbanduhren etc. Wer diese zu Hause prinzipiell als erstes ablegt, sollte sie beim Lernen unbedingt anlegen, damit diese Aspekte der TAPETE funktionieren können. Wobei es sicher einleuchtet, daß Schmuckstücke, die ständig Geräusche verursachen, weder beim Lernen noch in Prüfungs-Situationen getragen werden sollten; sie stören nicht nur uns selbst (vielleicht unbewußt), sie können auch unsere Mitmenschen (MitschülerInnen, potentielle Chefs beim Job-Interview, Kunden bei einer Präsentation etc.) extrem nerven!
- BRILLE: Wenn Sie zu Hause eine Brille tragen, dann auch in der Prüfung (beziehungsweise in beiden Situationen mit Kontaktlinsen arbeiten).

- SCHUHE: Sie werden es kaum glauben, aber auch sie können ein Teil der TAPETE sein: Wer zu Hause mit »Schlappen« herumsitzt und dann mit modischen Leder- oder Stöckelschuhen die Streß-Situation meistern möchte, hat einen weiteren Aspekt der TAPETE geopfert. Lieber zu Hause ebenso schick aussehen, wenn es uns hilft, per TAPETEN-EFFEKT später mehr und besser zu erinnern, oder?
- GERUCH: Einer der stärksten Helfer ist der Geruch, da Geruchsmoleküle den kürzesten Weg ins Hirn haben, weil sie weniger Synapsen (an denen Signale »verlorengehen« können) überwinden müssen. Wer also beim Lernen z.B. ein wenig ORANGE auf die Haut reibt (am besten zwischen Daumen und Zeigefinger), kann dies auch vor der Streß-Situation (Prüfung) tun, insbesondere weil die Nervosität am Anfang meist höher ist...

Sie sehen, der TAPETEN-EFFEKT kann uns wunderbar unterstützen. Zwar nützt er jenen nichts, die sich ungenügend (oder gar nicht) vorbereitet haben, aber alle anderen können von ihrer **Vorbereitung optimal profitieren**, wenn sie ihn einbeziehen.

Teekessel-Spiele – aber anders

Kennen Sie das klassische TEEKESSEL-Spiel? Man definiert einen Begriff, den man aber nicht nennt, und alle versuchen, ihn zu erraten. Zum Beispiel: »Mein

TEEKESSEL hat vier Beine, er ist sehr lieb, trägt ein Halsband, und im Gegensatz zu anderen vierbeinigen Haustieren bellt er.«

Nun habe ich eine neue TEEKESSEL-VARIANTE erfunden, die zwei Trainings-Ziele SPIEL-erisch verbindet: Wir können uns einem Thema durch eine Reihe von Zitaten nähern, um a) neu einzusteigen oder b) unsere Kenntnisse zu vertiefen. Es gibt jede Menge Bücher mit Zitaten, die nach Stichwörtern sortiert sind, aber auch im Internet kann man mit dem Suchbegriff (Thema) + »Zitate« einiges finden. Nehmen wir also an, Sie hätten einige Zitate zu einem Stichwort zusammengesucht und ersetzen den gemeinsamen Nenner durch den Begriff TEEKESSEL. Versuchen Sie doch einmal, im folgenden Beispiel festzustellen, beim wievielten Zitat Sie den Teekessel erraten:

- Walter von der VOGELWEIDE: »Kein **Teekessel** taugt ohne Freunde.«
- Nach PYTHAGORAS sagen wir: »Der **Teekessel** ist das Maß aller Dinge.«
- Gotthold Ephraim LESSING: »Kein **Teekessel** muß müssen.«
- Johann Wolfgang von GOETHE läßt seinen Faust sagen: »Hier bin ich **Teekessel**, hier darf ich's sein.«
- In den Sprüchen SALOMONs finden wir: »Der **Teekessel** denkt, Gott lenkt.«
- Otto (WAALKES) fügte hinzu: »Der **Teekessel** dachte und Gott lachte.«

Haben Sie den Teekessel erraten? Versuchen Sie es auch zusammen mit FreundInnen. Wie viele erraten den Teekessel – und vor allem wie schnell? Wenn Sie Zweier-Spiele machen, kann jeder einfach »herausplatzen«, spielen Sie hingegen in der Gruppe, dann sollte jede/r MitspielerIn notieren, was er/sie glaubt, und die Nummer des Zitats dazuschreiben, damit er/sie später weiß, ab wann ihm/ihr klar war, wie der Teekessel heißt. (In unserem Fallbeispiel lautet der Teekessel »Mensch«.)

Testen Sie die Lösung, indem Sie **alle Zitate noch einmal RICHTIG lesen**. Dabei werden Sie merken, daß Sie die Inhalte weit bewußter wahrnehmen, als wenn ich Ihnen die Zitate »einfach so« angeboten hätte. Der Grund: **Fragen** oder **Rätsel** schalten unser Gehirn ein, sie **ÖFFNEN DEN GEIST**. Aussagen dagegen können den Geist schließen, insbesondere wenn sie uns langweilen.

Doch gerade in Schule und Ausbildung (aber auch in vielen Meetings in der Geschäftswelt) reihen die Vortragenden Aussage an Aussage und wundern sich, daß den Leuten die Füße einschlafen! Denken Sie bitte **nicht**, PowerPoint löst das Problem, denn: **Be-BILDerte Aussagen sind immer noch Aussagen**. Wenn wir aber einige Fragen **voranstellen** oder unsere Kernaussagen in ein **Teekessel-Spiel** packen und die ZuhörerInnen (auch Kunden!) miteinander reden und raten lassen, **dann sind die Leute hinterher viel interes-**

sierter an unseren Aussagen. Dann sind auch Bilder hilfreich, aber die **Fragen und Rätsel** haben den Geist geöffnet – nicht die Charts.

Übrigens können wir diese Wirkung auch erzeugen, **wenn wir im Rahmen des Teekessel-Spiels nur ein einziges Zitat anbieten**, nur haben die MitspielerInnen so **kaum eine Chance**, zu erraten, wofür dieser Teekessel steht. Aber ihr Geist öffnet sich trotzdem, sie werden »offen« für unsere Botschaft danach. Übrigens kann man sogar Verben »**teekesseln**«, wie hier:

Martin LUTHER: »Nicht viel **teekesseln**, sondern auch dasselbe oft **teekesseln** macht klug.«

Na, was könnte LUTHER gemeint haben? Wollen Sie einige FreundInnen fragen, ehe Sie selbst nachsehen? Dann tun Sie das jetzt gleich... Ich wünsche Ihnen viele spannende Einsichten mit dem Teekessel-Zitate-Spiel. (Lösung zu LUTHERs Ausspruch: »**Lesen**« – denken Sie darüber nach).

In der Schule lernen wir so gut wie nie, daß es sich durchaus lohnen kann, gewisse Texte mehr als einmal zu lesen. Im Gegenteil, wir erhalten den Eindruck, mehrmaliges Lesen hätte mit Nicht-begriffen-Haben zu tun und nicht etwa mit dem tieferen Genuß eines Textes! **Aber einem Text mit TIEFE wird man jedes Mal andere Aspekte, andere Details »entnehmen« können**, einfach weil er so REICH-haltig ist, daß der menschliche Geist beim **ersten Lesen gar nicht alles wahrnehmen kann**. Merken Sie es? Durch das Teekessel-Spiel habe ich die Chancen erhöht, daß Sie diese Botschaft »mitnehmen«, so daß Sie keine Angst mehr haben, wenn Sie einen Text mehrmals lesen wollen – das kann ein Gedicht sein, ein Essay oder ein »vielsagender« (Liebes-)Brief eines Freundes…

TRAINING – EXTREM LANGSAM

Zwar beziehen sich die meisten Prüfungen auf Wissen, aber es gibt auch Situationen, in denen ein Verhalten getestet wird – vom Wurzelziehen (Rechnen) über das Singen vom Blatt (Musik) bis zum Julienne-Schneiden (Koch-Prüfung). Deshalb möchte ich Ihnen auch eine Hilfestellung zum gehirn-gerechten Üben (Training) anbieten.

Heute ist allgemein bekannt, daß das sogenannte »Schattenboxen« (TAI CHI) eine extrem langsame Form des KUNG FU darstellt. Aber als ich begann, in diese Richtung zu experimentieren, leuchtete das Seminar-TeilnehmerInnen selbst dann nicht ein, wenn man versuchte, es ihnen zu erläutern. Ich hatte im amerikanischen Fernsehen einen Meister asiatischer Kampfkunst gesehen. Er beantwortete die Frage, wie er seine Schüler dazu bringt, extrem komplexe Bewegungen (z.B. mit dem Schwert) millimetergenau auszuführen (damit die Leute sich bei den Schaukämpfen nicht aus Versehen gegenseitig verletzen), indem er klarstellte: »Im Westen versucht ihr alles viel zu schnell zu lernen, während Asiaten im Zweifelsfall langsamer werden, wenn ein Bewegungsablauf nicht so durchgeführt werden kann, wie es verlangt wird.« Ich war erstaunt. Erinnerte ich mich doch, als Kind intuitiv LANGSAM üben zu wollen, was mir aber regelmäßig verboten wurde (z.B. beim Klavierspielen). Auch hier stoßen wir auf einen Mechanismus, der vielen Menschen vertraut vorkommt, weil ihr Gehirn sie dazu »animieren« wollte, gehirn-gerecht vorzugehen, was dann vom Schulsystem regelrecht VERBOTEN wurde.*

Also begann ich, mit Versuchspersonen zu experimentieren, und so fanden wir im Laufe von Jahren keinen einzigen Bewegungsablauf, den man nicht wesentlich SCHNELLER lernt, wenn man am Anfang LANGSAM genug beginnt. Ich habe später ein DENK-MODELL entwickelt, das aufzeigt, warum das so ist. Stellen Sie sich zwei Mitarbeiter im Hirn vor: Der eine ist der **MARIONETTEN-SPIELER**. Er muß an den richtigen »Fäden« ziehen, um die Muskeln zu BE-

---

* Ein weiteres Beispiel ist die Neigung, Sätze in einer Fremdsprache wortwörtlich übersetzen zu wollen, um den »Code zu knacken« (heute ein wichtiger Faktor bei meiner Methode, Sprachen zu lernen). Ich habe das De-Kodieren nicht »erfunden«, sondern mich darauf besonnen, was fast alle SchülerInnen intuitiv tun, wenn es ihnen nicht untersagt wird; vgl. mein Hosentaschenbüchlein »Fremdsprachen lernen für Schüler mit der Birkenbihl-Methode« sowie meine kostenlosen Video-Clips hierzu bei YouTube (www.youtube.de).

TRAINING – EXTREM LANGSAM

WEGEN. Sein Kollege hingegen ist dafür zuständig, daß die neuen Bewegungsabläufe im Gedächtnis GESPEICHERT werden, er ist also der **LERNER VOM DIENST**. Nun können wir sagen: Wenn jeder von den beiden uns 50 Energie-Punkte »kostet«, wenn wir seine Leistung »bezahlen« wollen, dann würden wir annehmen, daß beide zusammen 100 Punkte »kosten«. Tatsache aber ist, daß sie einander stören (sogenannte Interferenz), weshalb sie im Team 150 Punkte »kosten«. Wenn wir aber **mental** üben (im Sport heute üblich), dann ist der MARIONETTEN-SPIELER nur MINIMAL beteiligt, während der LERNER fast allein arbeiten kann. Aber es gilt auch die Regel:

> Je langsamer wir trainieren, desto weniger muß der MARIONETTEN-SPIELER in unserem Gehirn tun, desto weniger INTERFERENZ gibt es. Deshalb lernen wir leichter.

Das können Sie testen, indem Sie versuchen, eine gewohnte Bewegung ANDERS auszuführen. Beispiele:
- HAUSARBEIT: Denken Sie ans **Geschirrspülen** – normalerweise halten Sie die Spülbürste in Ihrer bevorzugten Hand, als **Rechtshänder** also mit rechts. Wenn Sie nun versuchen, die Bürste keinesfalls mit der »Haupthand« zu bewegen, sondern diese ruhig halten und stattdessen **die Teller mit der anderen**

Hand spülen, dann haben Sie einen völlig neuen Bewegungs-Ablauf, für den Ihr Hirn eine **neue Nervenbahn anlegen** muß. Je langsamer und bewußter Sie die **neue ungewohnte Bewegung** trainieren, desto schneller kommen Sie insgesamt voran. Denn wir können neue Nervenbahnen umso schneller »basteln«, je weniger INTERFERENZ den »Aufbau« stört.

- JONGLIEREN: Beginnen Sie mit **Seidentüchern**, die Sie möglichst HOCH werfen. Das **verlangsamt das Herabschweben** und gibt Ihnen weit mehr Zeit, die nötigen Bewegungsabläufe **LANGSAM zu trainieren**. Nachdem Sie die Bewegungen kennen, können Sie ohne Tücher NOCH LANGSAMER trainieren, um die nötigen Nervenbahnen im Gehirn anzulegen, ehe Sie wieder »echt« üben – mit Tüchern, Sandbällen und dann erst mit richtigen Jonglier-Bällen.
- KALLIGRAPHIE: Viele Menschen* klagen über ihre »unmögliche« Handschrift, tun aber nichts da-

---

* Wir sprechen von ERWACHSENEN, denn bei Jungen bildet sich die Fähigkeit zur FEINMOTORIK in der Regel erst mit der Pubertät aus, während Mädchen schon in den ersten Schuljahren hervorragend »schönschreiben« können (vgl. mein Buch »Jungen und Mädchen: wie sie lernen« beziehungsweise meinen DVD-Seminarmitschnitt »Männer/ Frauen, Jungen + Mädchen – wie sie lernen«.

gegen. Wenn Sie einen Selbst-Versuch unternehmen möchten, dann können Sie wie folgt vorgehen:
1. Zuerst schreiben Sie zwei ABC-Reihen (um den Ist-Zustand zu dokumentieren): eine in Groß- und eine in Kleinbuchstaben.
2. Danach teilen Sie die Buchstaben in **drei Gruppen** ein:
   a. Buchstaben mit **geraden Linien** (A, E, F, H, I, K, …)
   b. Buchstaben mit **gerundeten Linien** (C, O, S, U …)
   c. **Kombi-Buchstaben** (B, D, G, J, P …)

   Wenn Sie bei einem Buchstaben unsicher sind (z.B. »Q«), dann entscheiden Sie selbst, wo sie ihn einsortieren wollen. Schreibt man das kleine »Schwänzchen« nämlich geschwungen, ist »Q« ein Buchstabe der **zweiten** Kategorie, andernfalls gehört es zu den Kombi-Buchstaben.
3. Nun beginnen Sie mit der ersten Kategorie: Versuchen Sie, diese Buchstaben **EXTREM LANGSAM** zu SCHREIBEN, eigentlich zu ZEICHNEN, ja vielleicht sogar mit einem dikken Filzstift oder Pinsel zu MALEN. Sie können jedoch auch mit dem FINGER auf Papier, auf der Tischplatte oder sogar in der Luft üben. Es geht darum, **die Buchstaben so langsam wie möglich zu produzieren**, und sich der Linienführung vollkommen bewußt zu werden, so daß

das Gehirn genügend Zeit hat, die Nervenbahnen zu »reparieren«. Die »unmögliche« Schrift der Vergangenheit und Gegenwart entstand ja nur, weil man Teile der Buchstaben weggelassen oder stark verformt hatte, was ein Vergleich der ersten beiden ABCs mit einer guten Vorlage schnell bestätigt.*

4. Wiederholen Sie den Vorgang mit der zweiten Buchstabengruppe.
5. Wiederholen Sie den Vorgang mit der dritten Buchstabengruppe.
6. Beginnen Sie, erste Wörter zu schreiben, am besten Wörter, die Ihnen etwas bedeuten, so daß Sie sie gern extrem langsam und bewußt aufs Papier setzen möchten. Sie werden feststellen, daß sich Ihre Alltagsschrift langsam verbessert, ohne daß Sie beim normalen Schreiben daran denken…

Sie sehen, es lohnt sich, neue Wege zu gehen, insbesondere wenn Sie aus bitterer Erfahrung wissen, daß die Wege, die man Ihnen in Schule und Ausbildung beigebracht hat, nicht besonders gut funktionieren.

---

* Falls Sie eine Vorlage benötigen, wählen Sie einfach eine geeignete Schrift am Computer aus, tippen Sie ein ABC ein und drucken Sie es in 36 bis 48 Punkt aus.

Wandzeitung (Fallbeispiel)

Auf **www.birkenbihl-insider-de** gibt es eine WAND-ZEITUNG, in der ich die Fragen meiner LeserInnen und Seminar-TeilnehmerInnen kostenlos beantworte. Wer mit dem **Beitrag mit der ROTEN ÜBERSCHRIFT** beginnt und **erst ein wenig liest, ehe** er selbst schreibt, kann sich gern aktiv beteiligen. Was ich jedoch vermeiden möchte, ist, dieselben Fragen immer und immer wieder gestellt zu bekommen. So enthält die Wandzeitung derzeit weit über 3000 Seiten mit Fragen und Antworten. Wenn Sie also eine Frage haben, z.B. zum De-Kodieren bei meiner Sprachlernmethode, dann SUCHEN Sie in der WANDZEITUNG zuerst alle Beiträge mit dem Stichwort »De-Kodieren«. Suchen Sie den Begriff bitte immer auch ohne Bindestrich, weil viele Leute meine »berühmten« Bindestriche übersehen. Das bedeutet nicht nur eine Entlastung für mich, weil ich die »üblichen Fragen« nicht immer und immer wieder beantworten muß, es hat auch den großen Vorteil für Sie, daß Sie oft SOFORT eine Antwort erhalten. Ein Fallbeispiel von Till POPPELS:

Liebe Frau Birkenbihl,
nachdem ich über eine längere Zeit (ein paar Monate) sehr regelmäßig ABC-Listen zu verschiedensten Themen gemacht habe, kam eine Zeit, in der ich mich ein paar Tage hintereinander mehrere Stunden am Tag mit ABC-Listen auf Klausuren vorbereitet habe. Hier habe ich folgende interessante Erfahrung gemacht: Ich hatte so viele Ideen, dass sie sich aufgedrängt haben, und zwar

nicht nur während des Lernens oder Nachdenkens, sondern auch danach in meiner Freizeit, als ich längst andere Dinge gemacht habe.
vfb: Hierfür gibt es zwei Gründe: Zum einen arbeitet das Gehirn unbewußt immer noch nach, wenn wir uns anderen Dingen zuwenden. Zum anderen öffnen ABC-Listen ja den ZUGANG ZUM EIGENEN WISSEN (öffnen die Schubladen unseres inneren Archivs zu den Themen der Listen, insbesondere wenn wir öfter an denselben Themen arbeiten). Das ergibt das, was ich als Stadt-Land-Fluß-Effekt bezeichne. Auch er führt dazu, daß Sie vieles von dem, was Sie gerade hören, lesen oder denken, mit den Inhalten der offenen Schubladen ASSOZIEREN – denn Sie üben ja gerade das assoziative Denken, das unser Geburtsrecht ist, aber von der Schule weitgehend verunmöglicht wird.

Meistens ist es so, dass ich Dinge, die ich gelernt habe, mit Alltagserscheinungen verbinde. So kann es z.B. sein, dass ich eine Flasche Wasser sehe und an die bipolaren Eigenschaften eines Wassermoleküls denke.
vfb: Genauso denken Menschen, die nicht durch das Schul-System „VER-bildet" wurden. Großartig!!! Sie verbinden Gehörtes/Gelesenes mit dem, was Sie momentan wahrnehmen, ganz natürlich und einfach. Das ist spannend.

Es folgen meistens so viele Gedanken, Ideen und Assoziationen, dass es mir irgendwann zuviel wird.
vfb: Da muß Sie das Schul-System aber sehr „ausgetrocknet" haben. Und jetzt wird Ihnen der erste Frühjahrsregen schon zuviel. Aber Sie werden sich daran gewöhnen, REICH zu denken...

Neulich habe ich durch Zufall das Buch „JETZT! Die Kraft der Gegenwart" von Eckhart Tolle entdeckt. Er spricht von mentalem

Lärm, also Gedanken, die der Verstand produziert. Er sagt, der Verstand ist eine lärmproduzierende Maschine, die in unserem Kopf ist. Diese Analogie kann ich persönlich sehr gut nachvollziehen. Manchmal hat mich dieser Lärm (spontane Assoziationen und Ideen, die sich einfach aufdrängten, weil ich vorher irgendwann – z.B. per ABC-Liste – danach gefragt hatte) ganz schön genervt.

vfb: Der Inder Eknath EASWARAN benutzt eine andere Metapher, die mir in diesem Zusammenhang besser gefällt. Er sagt, der Verstand gleiche einem Elefantenrüssel. Und wenn dieser Elefant im Rahmen einer religiösen Zeremonie durch die engen Gassen geführt wird, schwingt sein RÜSSEL wild umher und berührt (ich sage mal ASSOZIATIV) Tausende von Dingen oder reißt diese gar herunter. Was also macht der Mahmut? Er gibt dem Elefanten einen Stab, den er (waagerecht) trägt. Damit ist Ruhe. Der Rüssel konzentriert sich auf eine Sache (den Stab) – und genau diesen liefern die MANTREN. (Sein Buch „Mantram – Hilfe durch die Kraft des Wortes" ist hervorragend; nur sollten Sie die Einleitung des Herrn Professor vorläufig auslassen, der dem Autor in äußerst unzulässiger Weise vorgreift, um zu zeigen, was er weiß.) Wenn Sie z.B. mit Mantren arbeiten würden, könnten Sie den Geist jederzeit beruhigen. Es reicht aber auch ein Umschwenken auf einen anderen Themenkreis, der Sie zu fesseln vermag (wenn Sie z.B. NEUES lernen, gibt es noch nicht so viele Verbindungen zu bereits Bekanntem). Und seien Sie sich darüber im Klaren, daß diese Kreuzverbindungen ASSOZIATIONEN sind – und die beruhen auf ALTEN VERBINDUNGEN, das heißt auf Dingen, die Sie nur wissen, weil Sie sie mal gelernt haben. Sie sind also immer ein Beweis der REICH-heit Ihres Geistes! Aber Leute, die lange unterernährt waren, können nicht über Nacht das REICHE Essen zu sich nehmen, das die Bürger von reichen Staaten essen; sie müssen sich dem annähern. Das gilt auch für geistige „Nahrung".

Wer zu lange mit Schmalhans als „Geistes-Meister" gelebt hat, muß sich erst umstellen. Das passiert, wenn man mein Genialitätstraining durchläuft, graduell. Da die meisten aber, kaum daß sie die ABC-Listen KENNEN, sie sofort praktisch nutzen wollen, nehmen sie sich keine Zeit für ein erstes Training und diese Umgewöhnung – und können später überrannt werden. Ist das nicht auch interessant???

Bezogen auf Ihre ABC-Technik hatte ich den Eindruck, dass sie – weil sie so effektiv ist – die Maschine im Kopf, also den Verstand, umso schneller arbeiten läßt.
vfb: Es ist sowohl ein MEHR, weil Sie mehr Zugriff auf Ihr Wissen erhalten, als auch ein SCHNELLER, weil Sie Dinge, die Ihnen vertraut sind, schneller denken können als neue! (Das ist PERKINS 2; nachzulesen im Vorwort der 4. Auflage meines Buches „Das innere Archiv", das sich auch in der TEXT-Schublade befindet.)

Das ist auf der einen Seite natürlich großartig (man hat mehr Ideen, man kann effektiver lernen etc.), aber auf der anderen Seite wird auch umso mehr Lärm produziert (zumindest bei mir...).
vfb: Der Elefant schlägt mit dem Rüssel um sich. Sie werden lernen, ihn zu disziplinieren. Wenn man einen klaren HAUPTGEDANKEN (Stab) verfolgt (ein bestimmtes Thema), dann sind alle auftauchenden Assoziationen willkommene NEBENGEDANKEN, die den HAUPTGEDANKEN weiter an-REICH-ern. Man gewöhnt sich schnell daran.

...

Worst-Case-Szenario

Diese Technik bewährt sich immer dann, wenn wir uns in »schlimme« Situationen begeben müssen, in Situationen, in denen wir enttäuscht werden oder versagen könnten. Deshalb ist es sinnvoll, sich VORAB zu fragen, ob man mit dem Schlimmstmöglichen überleben könnte – und das ist fast immer der Fall. Bei einer Prüfung wäre das also die Frage: »Würde die Welt untergehen, wenn ich sie nicht bestehe?« **Merke**: Je mehr Sie sich selbst unter Druck setzen, desto mehr Streß werden Sie erleben. Das heißt, Sie müssen dann umso mehr Streß-Hormone (und mit ihnen einhergehende DENK-BLOCKADEN) erleiden. Wenn Sie sich aber hervorragend vorbereiten und dann am fraglichen Tag **LOSLASSEN** können, dann haben Sie eine faire Chance, das Gelernte auch tatsächlich praktisch anzuwenden...

Anhang

MERKBLATT Nr. 1: Ist es »richtig«?

Wenn wir eine Antwort für »richtig« halten, gehen wir (meist unbewußt) von zwei Annahmen aus, die wir beide dem Schulsystem verdanken. Je bildungsferner das Elternhaus, desto weniger können wir uns dagegen wehren, weil man uns nie beigebracht hat, über solche Fragen KRITISCH nachzudenken. Dann glaubt man, was einem Schule und Obrigkeit vorschlagen.

1. **Es gibt auf** (fast) **alle Fragen eine »richtige« Antwort.** Deshalb werden Prüfungs-Fragen in allen Fächern gern so gestellt, daß sie mit Multiple-Choice (Antwort a, b, c, oder d?) oder per Computer leicht ausgewertet werden können. Das erweckt nach vielen Jahren natürlich den Eindruck, es gäbe **in der Regel** diese eine richtige Antwort, und verschleiert die Tatsache, daß zahlreiche Fragen viel zu komplex sind, als daß man sie so einfach beantworten könnte…

2. **Was die Wissenschaft erforscht hat, gilt als »richtig«.** Zwar könnte man die Aussage bejahen, wenn es so wäre, daß sich immer die bessere Aussage durchsetzt, aber leider sind auch Wissenschaftler Menschen, die oft an ihren Meinungen »hängen«

und deshalb bessere Erkenntnisse viele Jahre, Jahrzehnte oder sogar Generationen lang boykottieren. Da werden Forscher nicht publiziert, Aussagen diskreditiert (eine Art »Gerüchteküche« im Wissenschaftsbereich) oder »totgeschwiegen«, z.B. die wichtige Erkenntnis, daß Ärzte selbst das sogenannte »Kindbettfieber« auslösten, wenn sie die Gebärmutter der jungen Mutter während der Geburt »verunreinigten« (weshalb sie heute vor jedem Eingriff die Hände minutenlang waschen!). Jenen jungen Arzt, der die Frechheit hatte, das herauszufinden (Ignaz Philipp SEMMELWEIS), machte man »fertig«. Er wurde erst posthum für seine wichtige Forschungsarbeit öffentlich bekannt. Oder denken wir an den Wiener Psychiater Hans ASPERGER, der 1905 bereits feststellte, daß es sehr wohl möglich ist, **ein wenig autistisch** zu sein (sogenanntes ASPERGER-SYNDROM). Doch die Schul-Meinung lautete: entweder ganz oder gar nicht autistisch. Also unterdrückte man seine Arbeiten bis in die 1980er Jahre, als ein englischer Forscher (Simon BARONCOHEN) sie aufgriff und populär machte. Im Deutschen gibt es übrigens eine hochinteressante Webseite für Betroffene oder für Menschen, die Betroffene kennen (www.aspies.de).

Lassen Sie mich noch vier weitere Fallbeispiele kurz andeuten:

- Schon lange gilt die Idee der **Erde als Scheibe** nicht mehr als »richtig«. Die katholische Kirche jedoch benötigte 400 Jahre, um **GALILEI zu rehabilitieren**.
- Bei vielen Fragen kann man lange Zeit nicht »sicher« sein, was nun stimmt. So galten Klimaforscher, die den Klimawandel **vorhersagten**, jahrzehntelang als Spinner. Derzeit ist das wissenschaftliche »Klima« zur Klimafrage jedoch »gekippt«. Also wird nun regelrecht verfolgt (beziehungsweise »totgeschwiegen«), wer das Gegenteil der heutigen Lehrmeinung behauptet (z.B. die Befürworter der sogenannten Global-Dimming-Hypothese).
- Ebenso gilt die DARWINsche Evolutions-Theorie derzeit als absolut sicher, wiewohl sich die Zweifel mehren. Will ich hier der »**Intelligent-Design-Theorie**« das Wort reden (welche die **Schöpfungsgeschichte** durch die Hintertür als wissenschaftlich »verkauft«)? Nein, aber wir sollten wissen, daß diese an immer mehr US-Schulen als wissenschaftlich »verkauft« wird und daß bereits erste deutsche (Privat-)Schulen Biologiebücher verwenden, die nur noch diese Position darstellen, wie ein politisches TV-Magazin bereits 2007 berichtete.
- Und es gibt eine zweite Frage, die DARWIN betrifft: Er hatte damals einen Wettbewerb seiner Ideen (alles ist angeboren) gegen die von Jean-Baptiste **LAMARCK** gewonnen, dessen Grundgedanken in etwa folgendes besagten: Manche Aspekte

können durch Umwelt und Verhalten der Eltern-Generation sehr wohl »genetisch« an die nächsten Generationen weitergeben werden. Lange hat man sich über diese Annahme LAMARCKs amüsiert, inzwischen kommen immer mehr seriöse Wissenschaftler auf sie zurück. Wurden die Forscher, die sich als erste mit der sogenannten **Epi-Genetik** befaßten, noch schief angesehen, so wächst derzeit die Zahl »angesehener« Forschungsinstitute weltweit, die **epigenetische Studien** vornehmen. Auf lange Sicht wird sich höchstwahrscheinlich eine Kombination aus beiden Ansichten durchsetzen: **Umweltfaktoren** – z.B. eine Hungersnot in der Jugend – führen dazu, daß bei der Folge-Generation ein **genetischer »Hungerschalter« umgelegt** wird, so daß die Kinder einen **Hunger-Metabolismus** entwickeln. Dieser kann bis in die nachfolgende **dritte Generation** weiterwirken. Herausgefunden hat man dies u.a. durch Langzeitstudien, bei denen man z.B. von Friedhöfen Genproben mehrerer Generationen einer Familie genommen hat, wenn in der Gegend akribisch festgehalten worden war, wie gut/schlecht die Ernten (über Jahrhunderte) gewesen waren. Ähnliches gilt auch für **Umweltschäden durch Gifte**, so daß z.B. bei den Katastrophen von Seveso oder Tschernobyl nicht nur die unmittelbar beteiligten Menschen, sondern auch deren Kinder und Kindeskinder betroffen sind…

Wenn also in Zukunft irgend jemand behauptet, dies oder jenes sei die einzig »richtige« Art, die Sache zu sehen, dann erinnern Sie sich bitte daran, daß diese Haltung »gelernt« wurde, weshalb wir uns so schwer dagegen wehren können. Setzen Sie ab jetzt »richtig« immer in geistige Anführungszeichen, um sich daran zu erinnern, wie wenig sicher man oft sein kann – insbesondere bei **komplexen Fragen** (z.B. Gen-Manipulation bei Nahrungsmitteln, Impfungen, Klima, etc.).

MERKBLATT Nr. 2: Neuro-Mechanismen

Mit NEURO-MECHANISMUS meine ich eine dem Gehirn innewohnende angeborene Fähigkeit. In meinem Buch »Trotzdem LEHREN« zeige ich einige davon auf mit dem Hinweis, daß jeder Versuch, an ihnen »vorbei zu lernen« nicht funktionieren kann. Leider nimmt die Regelschule darauf noch immer viel zu wenig Rücksicht, weshalb das Buch ja »Trotzdem LEHREN« (trotz des Systems) heißt. Das zu wissen ist wichtig für Lehrkräfte, aber auch für alle, die sich selbst »**belehren**« wollen (die also allein erfolgreicher LERNEN wollen).*

---

* Es gibt einen »kleinen Bruder« (»Trotzdem LERNEN«), aber der ist für Leute bestimmt, die das System schon so geschwächt hat, daß sie vor dem Lesen »Angst haben«. Wer sich und andere aktiv belehren möchte, sollte unbedingt »Trotzdem LEHREN« lesen.

Darin finden Sie folgende Neuro-Mechanismen:
- Wir speichern die Umgebung mit ein, wenn wir lernen (vgl. TAPETEN-EFFEKT, Seite 66ff.).
- Wir können Bewegungen extrem LANGSAM am schnellsten lernen (vgl. TRAINING – EXTREM LANGSAM, Seite 73ff.).
- Wir können mehrere Dinge parallel tun (vgl. PARALLEL-LERNEN, Seite 61f.).
- Wir können Sprachen ohne Vokabel-Pauken lernen (vgl. DE-KODIEREN statt VOKABEL-PAUKEN, Seite 45ff.).

Merkblatt Nr. 3: ABC-Listen*

Frage 1: Möchten Sie gern intelligent/er oder kreativ/er sein?
- ❑ Ja, klar
- ❑ Geht denn das?
- ❑ Nein, danke. (Bitte geben Sie diese Rätselfrage an jemandem weiter, dem sie helfen könnte.)

Frage 2: Haben Sie im Zweifelsfall eher mehr oder eher weniger Ideen?

---

* Dieser Beitrag entstammt meiner Website www.birkenbihl-denkt.com.

❑ Eher mehr
❑ Mittel/normal
❑ Eher weniger als andere

Frage 3: Spielen Sie mit? Geben Sie sich **pro Stichwort je eine Minute**, und notieren Sie Ihre Ideen (Assoziationen). Zählen Sie diese und tragen Sie das Ergebnis ein:
- **Bienen** (Anzahl) _____
- **Fernseh-Serien** (Anzahl) _____
- **Quantenphysik** (Anzahl) _____

Frage 4: Was ist Ihrer Meinung nach die wichtigste Funktion unseres intelligenten Denkhirns (das uns zum Homo sapiens macht)? Ist es…
❑ unsere Fähigkeit, **analytisch** zu denken?
❑ unsere **Kreativität**?
❑ unsere **Lernfähigkeit**?

Den meisten von uns hat niemand klargemacht, daß Denken **nur möglich** ist, wenn Wissens-Inhalte als »Rohstoff« fungieren. Man muß etwas wissen, um eine Sache analysieren zu können! Auch Kreativität kann nur fließen, wenn Ideen zum »kreativen Spielen« vorhanden sind. Die meisten Leute wissen **viel über TV-Serien**, **einiges über Bienen** und **wenig über Quantenphysik**. Deshalb gilt: Stellen Sie fest, zu welchen Themen Sie schon einiges oder gar viel wissen, und bauen Sie diese Wissens-Gebiete systematisch aus, z.B. wenn Sie spazierengehen, joggen, radfahren, in der Warteschlange an der Kasse stehen oder die Werbespots beim Fernsehen abwarten müssen. Zappen Sie statt durch TV-Kanäle durch die Katakomben Ihres Unbewußten! Gucken Sie, was Sie so alles in Ihrem **inneren Archiv** finden. Die einfachste Methode dazu ist, **ABC-Listen** zu erstellen – quasi ein SENKRECHTES Stadt-Land-Fluß-Spiel (nur *ein* Thema, dafür *alle* Buchstaben).

So finden Sie bald heraus, zu welchen Fragen (Themen, Problemstellungen) Sie sowohl intelligent**ER** als auch kreativ**ER** denken können. So machen es jene, die intelligent und kreativ auf uns wirken, **automatisch**. Sie befassen sich in jeder »freien Minute« mit »ihren Themen«. Deshalb haben sie zu-fällig auch mehr **Ein-fälle**, die ihnen einfach **zu-zufallen** scheinen. Welch ein **Zu-fall**…

Die **Fragen 1 bis 3** waren strategische Fragen/Aufgaben, damit Sie die wichtigen Einsichten selbst gewinnen konnten. Bei **Frage 4** lautet die **Antwort** a. plus b. sowie c. Eine der besten Methoden, unser Wissens-Netz »anzuzapfen«, um analytisch oder kreativ mit unserem Wissen zu arbeiten, ist die ABC-Liste!

ABC-Listen GENERIEREN

Beginnen Sie, indem Sie am LINKEN RAND eines Blattes (DIN A4-Format) senkrecht ein ABC schreiben. Später können Sie jedes neue ABC so beginnen oder Sie können ein zweites Blatt mit einem ABC direkt unter das neue Blatt (auf das Sie jetzt schreiben wollen) legen, so daß am linken Rand das ABC des zweiten Bogens hervorragt. Dann können Sie das ABC **SEHEN**, und so eine neue Liste anzulegen.

Ich selbst gehöre zu den Menschen, die lieber jedesmal ein ABC an den linken Rand SCHREIBEN, ehe sie beginnen, das ABC zu GENERIEREN. Zwar legte ich anfangs entsprechende Formulare an, aber ich stellte bald fest, daß ich sie nie griffbereit hatte (nach einer Weile macht man ABC.s an den »unmöglichsten Stellen«). Dann verlegte ich mich darauf, das ABC schnell am linken Rand »herunterzuschreiben«, und stellte fest, daß dies eine gute Übung ist, um mich zu **sammeln**. Aber es gibt Menschen, die sich **abgelenkt** fühlen, wenn Sie erst die neue Liste vorbereiten müssen. Für sie gilt: entweder ABC-Formulare überall griffbereit herumliegen lassen oder eine alte Liste nehmen und deren ABC unter dem neuen Schreibblatt (links) »hervorgucken« lassen.

Wozu ABC.s?

Mit ABC-Listen können wir grundsätzlich **zwei** Dinge tun: Wir können Sie **erstens** anlegen (generieren), auf daß wir sie **zweitens** (später) KONSULTIEREN können. Es ist für Einsteiger eingangs meist noch nicht ersichtlich, welch reicher Schatz selbst angelegte

ABC-Listen darstellen, aber das merken sie bald. Die ABC-Liste hilft uns, eine schnelle Inventur zu einem Thema vorzunehmen, um unsere Gedanken zu »sammeln«, das heißt, um zu FOKUSSIEREN und uns zu KONZENTRIEREN, um den **Turbo im Gehirn** »einzuschalten« (um unser ASSOZIATIVES DENKEN auf Trab zu bringen). Das kann uns auch helfen, schnell in ein Thema einzusteigen (z.B. vor einem Meeting, einer Verhandlung, einem Vortrag). **Achtung**: Wer solche Anweisungen und Aussagen nur liest, ohne es aktiv selbst zu probieren, wird nie begreifen, welche Vorteile das GENERIEREN und das KONSULTIEREN von ABC-Listen bringen kann.

Lassen Sie mich die Technik anhand eines extrem einfachen Beispiels demonstrieren, wobei ich Ihnen noch einmal rate, SOFORT aktiv mitzudenken, also mitzumachen. Haben Sie Schreibzeug griffbereit? Dann legen Sie ein erstes ABC senkrecht am linken Rand an, ehe Sie weiterlesen!

Angenommen, Sie wollten Inventur machen, was Ihnen zu einem Thema gerade »auf die Schnelle« einfällt. Dann wäre ein ABC angesagt. Beispiel: Wie viele und welche **Tiere** fallen Ihnen in 3 Minuten ein? Dabei hilft Ihnen die folgende SPIELREGEL:

Beginnen Sie **keinesfalls** bei A, um sich (verbissen) bis zum Z »durchzukämpfen«. Stattdessen wandern Sie mit den Augen in der (noch) leeren Liste **auf und ab**. Bei irgendeinem Buchstaben (vielleicht dem **L**) fällt Ihnen etwas ein (**Löwe**) – **hinschreiben**, weiterwandern. Bei **Z** könnte es das **Zebra** sein und beim Zurückwandern taucht bei **O** plötzlich der **Orang-Utan** auf, bei **G** das **Gnu**… Wozu dient diese Regel? Ganz einfach: Sie gewährleistet, daß Ihre Listen, **wenn Sie ein Thema MEHRMALS »andenken«** (das wird eine der Haupt-Varianten sein, die Sie später spielen werden), nicht alle von A bis H gut gefüllt und ansonsten leer sind. Besonders wichtig ist dies, weil eine der ABC-Varianten mit **TIMER** gespielt wird und Sie nur 90 Sekunden bis 3 Minuten Zeit haben.

Sie werden bald merken, daß dieses »Wandern mit den Augen« eine wunderbare Übung ist, die unter anderem einen wichtigen **Nebeneffekt** von ABC-Listen produziert, nämlich **besseren ZUGRIFF auf das eigene Wissen zu verschaffen**. Das nenne ich den **Stadt-Land-Fluß-Effekt** (für die Schweiz: den Geographie-Spiel-Effekt). Erinnern Sie sich an **Stadt-Land-Fluß-Spiele** aus Ihrer Kindheit: Wer **oft** spielte, wußte viel! Mit ABC-Listen schaffen wir eine Art **STADT-LAND-FLUSS-EFFEKT**, und zwar für alle Themen, die wir regelmäßig spielen. Dabei spielen Sie für Sie wichtige **Kernthemen immer wieder** (wie **einst** Städte, Länder, Flüsse), andere Themen spielen Sie ab und zu als **Einzelthemen**. Bei der Einzelthemen-Übung trainieren Sie das **ASSOZIATIVE DENKEN an sich**! Dies gleicht einem **AUFBAU-Training**. Wenn Sie hingegen Ihre **Lieblings-Themen spielen**, dann entspricht das dem **konkreten MUSKEL-Aufbau** bestimmter für Sie wichtiger THEMEN, so daß Sie bei diesen (durch den Stadt-Land-Fluß-Effekt) bald immer mehr **POWER** entwickeln, das heißt immer besseren **Zugriff auf Ihr eigenes Wissen** gewinnen.

Bald sind einem die eigenen Themen geläufig, und deshalb werde ich oft gefragt: Wie findet man »allgemeine« Themen? Beispiel: Sie sehen fern, man spricht von der Oper. Es folgt der Werbeblock. Zappen Sie jetzt nicht in anderen Kanälen herum, zappen Sie in Ihr eigenes Gedächtnis. Was wissen Sie eigentlich über **Oper**? Ein ABC? Klar.

Jede ABC-Liste ist immer auch eine Mini-INVENTUR, insbesondere wenn Sie vorab zu raten versuchen, wie viele Begriffe zum heutigen Thema Sie in drei Minuten schaffen werden. Sie können auch den ganzen Werbeblock mit ABC-Listen zu Themen verbringen, die in der Sendung vorher aufgetaucht sind. Sie werden erstaunt sein, wie viel Sie sich als NEBENEFFEKT aus der Sendung merken. Und genau das ist der Grund, warum diese Technik sich in diesem Büchlein befindet. Je mehr ABC-Listen Sie zu Themen gemacht haben, die Sie »lernen« sollen, desto mehr Wissen können Sie abrufen (z.B. in der Prüfung). Man muß es ausprobieren, ehe man es glaubt, denn es funktioniert weit besser, als jene sich träumen lassen, die zu faul sind, es zu versuchen!

Mehr zum Thema »ABC-Listen« finden Sie in meinen Büchern »Intelligente WISSENS-SPIELE« und »Birkenbihls Denk-Werkzeuge« sowie auf den DVDs »Genialitäts-Training mit ABC-Listen« und »Persönliches Wissens-Management«.

MERKBLATT Nr. 4: KaWa.s

Wir beginnen mit einem **Begriff**, über den wir nachdenken wollen, das heißt einem Schlüsselwort, das als Überschrift über der (gedanklichen) Kategorie steht, die uns beschäftigt. Angenommen, wir wollen über WISSEN nachdenken, dann könnten wir das Wort WISSEN als Schlüsselwort verwenden.

Wir schreiben es in die Mitte des Blattes und leiten nun für jeden Buchstaben ASSOZIATIONEN ab, die uns dazu einfallen. Das THEMA ist WISSEN, und wir suchen eine Art »Kreuzworträtsel-Effekt« zu den einzelnen Buchstaben des Begriffs (hier also zu W-I-S-S-E-N, vgl. Seite 37). Bei doppelten Buchstaben können wir jeden (hier die beiden »S«) separat mit einer Assoziationen »füllen«, aber wir müssen nicht.

Das Kunstwort KaWa leitet sich ebenfalls von den Buchstaben einiger Schlüsselbegriffe her:

(K) **Kreative**
(A) **Ausbeute** (durch)
(W) **Wort-**
(A) **Assoziationen** (eigentlich steht das »A« für **Analograffiti**).

> Mit ANALOGRAFFITI bezeichne ich **ANALOGES** Denken mit einem Stift in der Hand. Dabei kann der **Graffiti-Anteil** sowohl WORTE (W) als auch GRAFIKEN (G) enthalten, daher gibt es prinzipiell KaWa.s (WORT-BILDER) und KaGa.s (GRAFISCHE ASSOZIATIONEN). In unserem Rahmen reicht es, wenn wir ABC-Listen und KaWa.s erstellen können. KaWa.s funktionieren genau wie ABC-Listen (s. Seite 92ff.), nur mit dem Unterschied, daß sie KÜRZER sind und nur jene Buchstaben enthalten, die den Begriff ausmachen.

Beim Erstellen eines KaWa.s gibt es nur **eine einzige Regel**: Die Begriffe, die Ihnen einfallen, sollen (einigermaßen) **waagerecht** geschrieben werden. Wir machen ab und zu kleine Ausnahmen, aber im Gegensatz zur MindMap nach Tony BUZAN schreiben wir **nicht** schräg, denn wir wollen **jederzeit mit einem Blick** lesen können – beim Schreiben, was wir notieren, später, was wir damals aufgeschrieben haben. Die Wurzeln meiner KaWa-Technik stammen übrigens nicht aus England (BUZAN), sondern aus Amerika, wo Gabriele L. RICO die Clustering-Technik entwickelte (bei der man ebenfalls nur waagerecht schreibt). Das Neue am Wort-Bild ist, daß wir **die Buchstaben des Schlüsselwortes als Ausgangspunkt für weitere Assoziationen** wählen. Das löst nachweislich mehr Gedanken aus als eine MindMap oder das Clustering. Man kann KaWa.s (wie ABC-Listen) allein anlegen (Dauer 1 bis 3 Minuten) oder auch zu mehreren: Jeder notiert, dann vergleicht man mit den anderen.

Hier einige Beispiel-KaWa.s:

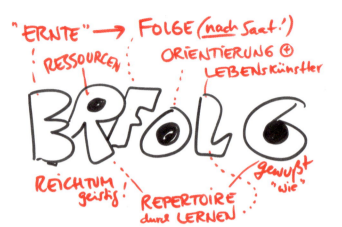

Mehr zum Thema »KaWa« finden Sie in meinen Büchern »Intelligente Wissens-Spiele« (enthält einen kompletten kleinen KaWa-Seminar-Zyklus, den man mit Freunden durchspielen kann) und »Birkenbihls Denkwerkzeuge« (ABC.s, KaWa.s und KaGa.s mit ca. 100 farbigen Beispiel-Seiten).

MERKBLATT Nr. 5: »GENIAL DANEBEN« SPIELEN

Bitte erst den entsprechenden Text lesen (Seite 52ff.) und RATEN, ehe Sie die Lösungen ansehen…

BRUTALISMUS: Der Begriff leitet sich vom französischen »brute« ab, was ROH (unbehandelt) bedeutet. **An-REICH-erung:** Er bezeichnet einen bestimmten Architektur-Stil (der späten 1960er Jahre). Dabei ging es darum, die Materialien möglichst **unbehandelt** zu lassen. Die Mauern wurden nicht verputzt und zeigten teilweise sogar noch Spuren der Maurerkelle (ganze Fassaden – auch von Prachtbauten – wurden nicht behandelt und wirkten demzufolge wie Rohbauten). Daraus leitete sich der Name ab. Auf Deutsch könnten wir **ROHBAUismus** sagen, aber die Architektur zieht einen Namen vor, der international leichter verständlich ist, und alle romanischen Sprachen kennen »brute«. Wir kennen nur den Begriff »brutal«, der natürlich eine weit negativere Bedeutung hat.

Hingehen, wo der PFEFFER wächst: Diese Redewendung bezog sich auf Reisen in Pfeffer-Anbaugebiete vor Hunderten von Jahren, die immer sehr lange dauerten. Wer also hinging, wo der Pfeffer wächst, blieb viele Jahre weg und kehrte oft gar nicht mehr zurück (weil damals Skorbut mindestens ein Drittel der Seeleute hinwegraffte).

An-REICH-erung Nr. 1: Klassisches Anbaugebiet ist das südliche Indien, in dem vor allem **Gewürze** angebaut werden. Genauer gesagt ist die Region um KERBALA gemeint, dort baut man nachweislich seit mindestens 2500 Jahren (möglicherweise sogar weitere 1000 bis 2000 Jahre) zahlreiche Gewürze inklusive **vieler Pfeffersorten** an und treibt ebenfalls seit mindestens zweieinhalb Jahrtausenden weltweiten Handel. Daher standen die südindischen Bewohner seit langem in Verbindung mit fremden Menschen, die mit ihren Karawanen oder Schiffen von weit her kamen. Sie brachten Geld oder Tauschgegenstände und **Neuigkeiten** und nahmen Gewürze mit.

An-REICH-erung Nr. 2: Insbesondere der **schwarze Pfeffer** ist wertvoll. Aber warum? Was macht ihn wertvoller als jedes andere Gewürz? Nun, unter zwei Bedingungen hält er sich besonders lang (sogar Jahrhunderte, eigentlich de facto **unendlich** lang): Die erste Bedingung ist, daß er korrekt **getrocknet** wird, die zweite, daß er korrekt **gelagert** wird (ungemahlen und absolut trocken). Was bedeutet es, wenn sich ein so wertvolles Gewürz »ewig« hält? Es wird zu einer **Währung**, die genauso »hart« wie Gold ist. Also stellt qualitativ hochwertiger schwarzer Pfeffer eine hervorragende Investition dar, auch heute noch…

MERKBLATT Nr. 6: TAPETEN-EFFEKT

Erinnern Sie sich noch daran, wie Sie beim Schul-Schwimmen am Beckenrand standen und die Arm-Bewegung in der Luft übten? Nun, wie wir heute wissen, verlangsamt das den Lernprozess dramatisch, also handelt es sich um ein weiteres Beispiel dafür, wie die Schule vorgeht, wenn sie das Lernen eher **verhindert** als fördert. Ich stieß zum erstenmal in den 1980er Jahren auf diesen interessanten Aspekt, als ich bei Alan BADDELEY davon las.* Er beschreibt mehrere Experimente, aus denen sich ableiten läßt, was ich später als Tapeten-Effekt bezeichnet habe. Das erste beschreibt VERHALTEN (s. auch Abschnitt TRAINIG, Seite 73ff.), die anderen beiden beziehen sich auf das Erlernen von Wissen.

---

* Auf Deutsch gibt es ein wunderbares Buch von ihm: »So denkt der Mensch«. Es lohnt sich auch, es gebraucht zu erwerben, wenn es einmal wieder nicht lieferbar ist (was leider regelmäßig vorkommt).

1. TAUCHER I: Eine Gruppe von TAUCHERN mußte lernen, mit bestimmten **Werkzeugen** UNTER WASSER zu **arbeiten**. In Ermangelung von Erfahrungen ließ man eine Gruppe »im Trockendock« üben (vergleichbar mit den Schwimmübungen am Beckenrand), während die zweite Gruppe **gleich ins Wasser durfte**. Diese Gruppe lernte **weit schneller** und konnte wesentlich besser unter Wasser arbeiten, denn die Taucher hatten die richtigen Nervenbahnen aufgebaut. Heute weiß man das, weshalb **Weltraumfahrer in Wasserbecken** üben. Sie tragen denselben teuren unbequemen Weltraumanzug, der mit diversen Luftkissen so bestückt wird, daß der Astronaut de facto »schwerelos« ist. Sie tragen dieselben ebenfalls höchst unbequemen »Handschuhe«, den unbequemen Helm etc. Alle Details gleichen der Situation im Weltraum (wenn sie außerhalb des Raumschiffs arbeiten) zu 95%. Damit kommt das Training der echten Situation so nahe, daß der Lern-Effekt übertragen werden kann. Interessant ist, daß manche SchwimmlehrerInnen noch heute fordern, die Kleinen mögen ihre Bewegungen am Beckenrand trainieren. Leider aber bedeutet das nur, daß Kinder, die am Beckenrand trainieren, diese Bewegungen später vor allem am Beckenrand gut durchführen können, nicht aber im Wasser!
2. TAUCHER II: Bei diesem Experiment mußten Taucher etwas »im Kopf« lernen; es ging also um **WIS-**

SEN (im Gegensatz zu einer handwerklichen Fertigkeit). Eine Gruppe lernte am **Strand**, die andere **unter Wasser**. Später stellte sich folgendes heraus: Diejenigen, die unter Wasser gelernt hatten, erinnerten sich unter Wasser auch am besten wieder, während die »trockenen« Lerner sich am besten erinnerten, wenn sie wieder an Land waren.

3. BAR-BESUCHER: Ein drittes Experiment, über das BADDELEY berichtet, betrifft Bar-Besucher, die man bat, etwas zu lernen (also wieder WISSEN). Sie ahnen es: Eine Gruppe durfte vorher etwas trinken, die andere mußte »trocken bleiben«. Und wieder zeigte sich: Wer beschwipst lernte, konnte die Daten auch dann wiedergeben, wenn er etwas beschwipst war, während diejenigen, die beim Lernen nicht trinken durften, sich am besten »trocken« erinnern konnten. Wer also dazu neigt, sich bei der Vorbereitung auf schwierige Situationen das eine oder andere Gläschen zu genehmigen, sollte das wissen!

Wenn Sie das nächste Mal die Art, wie Schule das Lernen »managt«, anzweifeln, dann wagen Sie es ruhig – am Ende ist Ihre Intuition besser als das schulübliche Vorgehen!

Literaturverzeichnis

1. BADDELEY, Alan: *So denkt der Mensch*. Droemer Knaur, München 1988
2. BODMER, Frederick: *Sprachen der Welt*. GLB Parkland, Köln 1997
3. EASWARAN, Eknath: *Mantram – Hilfe duch die Kraft des Wortes*. Hermann Bauer Verlag, Freiburg 2000
4. KAHL, Reinhard: *Das Wunder von Bremen. Das Jacobs-Sommercamp*. (DVD)
5. KOHN, Alfie: *The Schools Our Children Deserve*. Houghton Mifflin, Boston 2001
6. o. Verf.: *Genial daneben. Die Comedy-Arena*. Ullstein TB, Berlin 2004
7. o. Verf.: Genial daneben 2009. *Tagesabreißkalender: 365 knifflige Fragen … und originelle Antworten*. TeNeues Verlag, Kempen 2008
8. PFEIFER, Wolfgang: *Eytmologisches Wörterbuch des Deutschen*. dtv, München 1999
9. RICO, Gabriele L.: *Garantiert schreiben lernen*. Rowohlt, Reinbek 1998
10. TOLLE, Eckhart: *JETZT! Die Kraft der Gegenwart*. J. Kamphausen Verlag, Bielefeld 2000

Einige meiner Titel zu meinem **Kernthema des gehirn-gerechten Lehrens und Lernens**:

BÜCHER

- *Birkenbihls Denkwerkzeuge* (früher: *Das große Analograffiti-Buch*). 3. Aufl., München 2007
- *Das innere Archiv*. mvg, 4. Aufl., München 2007
- *Eltern-Nachhilfe*. Ariston, 2. Aufl., München 2007
- *Fremdsprachen lernen für Schüler mit der Birkenbihl-Methode*. Ariston, München 2008
- *LERNEN lassen!* mvg, 2. Aufl., München 2008
- *Stroh im Kopf?* mvg, 47. Aufl., München 2007
- *Trotzdem LEHREN*. mvg, 3. Aufl., München 2007
- *Trotzdem LERNEN*. mvg, 3. Aufl., München 2006

BUCH + (fast) gleichnamige DVD (alle DVDs erhältlich im Online-Shop auf www.birkenbihl.de)

- *Jungen und Mädchen: wie sie lernen*. Knaur, 3. Aufl., München 2006
- *Sprachenlernen leicht gemacht*. mvg, 31. Aufl., München 2006
- *Von Null Ahnung zu etwas Arabisch*. mvg, München 2008
- *Von Null Ahnung zu etwas Chinesisch*.mvg, 2. Aufl., München 2007
- *Von Null Ahnung zu etwas Japanisch*. mvg, München 2008
- *Von Null Ahnung zu etwas Türkisch*. mvg, München 2008

DVDs (alle DVDs erhältlich im Online-Shop auf www.birkenbihl.de)
- *Genial lernen – Genial lehren* (Doppel-Pack)
- *Lehren – Trainieren – Ausbilden* (DVD, enthält das jährliche UP-DATE zu Lernen/Lehren für die Jahre 2005, 2006, 2007, 2008 etc.)
- *Männer/Frauen – Mehr als der kleine Unterschied*
- *Persönliches Wissens-Management*
- *Von Nix kommt nix!*

DVDs – VON NULL AHNUNG... (gehirn-gerechte Einführungen in Gebiete, die angeblich schwer oder »trocken« sind)
- *Von Null Ahnung zu etwas KOMPLEXITÄT*
- *Von Null Ahnung zu etwas QUANTENPHYSIK*

Hierzu gehören auch einige DVD-Vorträge, deren Titel aus diversen Gründen nicht mit »Von Null Ahnung...« beginnen:
- *Viren des Geistes* (Einführung in die neue Wissenschaft der MEMetik)
- *Was Sie unbedingt über China/Asien wissen müssen*
- *Was Sie unbedingt über Indien wissen müssen*
- *Was Sie unbedingt über die ISLAMISCHE WELT wissen müssen*

iatrogen 51f.
Intervall-Lernen 35

Jonglieren 76

Kalligraphie 76ff.
KaWa 60, 99ff.
KOHN, Alfie 43
Konstruktion 21f., 28, 36f.

LAMARCK, Jean-Baptiste 89f.
Lernen vom Dienst 75
Lernen, echtes 12, 20ff., 34
Lernen, erfolgreiches 19ff.
Lernen, leichteres 20, 26ff.
Lern-Methoden, angebliche 11f.
Lückentexte 60

Marionetten-Spieler im Gehirn 74f.
Merkblätter 13f.
Merken verboten, Experiment 60f.
Metapher 20, 26f.
MindMap 101
Mini-Inventur 98

Motivation 19, 31
Mückenschwarm 26f.
müde 49

Neurogenese 29ff., 33
– Gleichnis 29f.
Neuro-Mechanismus 91f.

PANINI 42
Parallel-Lernen 61ff.
Passiv-Hören 62
Pauken 12f., 20ff., 29ff., 50
POSTMAN, Neil 27
Priming 57, 62, 65
Prüfung (KaWa) 33
Prüfungen simulieren 63ff.

Rätsel 71
Re-Konstruktion 21ff., 28, 36f.
RICO, Gabriele L. 101

Schreibmaschine schreiben 35f.
Stadt-Land-Fluß-Effekt 97
Stories 21f.

Tapeten-Effekt 67ff., 105ff.
Taucher, Experiment 106f.
Teekessel-Spiele 69ff.
Testosteron 30
Training 73ff.
Transmitter-Ausschüttungen 12

Überraschungen 34
Übung 35ff.

Vater-Land 49
Verbindungen 22, 24
Vergleiche 20, 27f.
Vokabeln 24, 45

Wade 47f.
Wandzeitung, Beispiel 79ff.
Wiederholungen 19, 32
Wissen (KaWa) 37
Wissens-Gebäude 26, 34
Wissens-Netz 22ff., 26, 33
Worst-Case-Szenario 83

Zitate 70ff.
Zukunftstauglichkeit 13

Stichwortverzeichnis

3-Schluchten-
   Damm 27f.

ABC-Listen 41,
   92ff.
 – anlegen 94f.
 – konsultieren
   95ff.
Abstraktions-Fä-
   higkeit 41ff.
Analogie 20
Angst vor schlech-
   ten Noten 19,
   32
Antwort,
   richtige 87
ASPERGER,
   Hans 88
Aufgabe, kleine
   14, 20

BADDELEY,
   Alan 105ff.
Barbesucher,
   Experiment 107
Begreifen 21f.,
   28ff.
Bilder 26ff.

BODMER,
   Frederick 42
Buch-Seminar 13
BUZAN, Tony
   101

Clustering 101

DARWIN,
   Charles 89
Definitionen
   lernen 50ff.
De-Kodieren 45ff.
Demokratische
   Definitionen
   50ff.
Denk-Blockaden
   54ff., 83
Denken, asso-
   ziatives 23, 97f.
Dialog-Spiel 54ff.
Dopamin 31

EASWARAN,
   Eknath 81
Entscheidung
   treffen 47
Epi-Genetik 90

Erklärung 20
Eselsbrücken 21
Etymologische
   Töpfe 57ff.

Fachbegriffe
   lernen 57ff.
Feinmotorik 76
Fertigkeiten vor
   und während
   der Prüfung 34,
   36f.
Fragen 71

GALILEI,
   Galileo 89
Gedächtnis-
   Tricks 21f.
Gedanken,
   eigene 23
Genial daneben
   52ff., 103f.
Genosse 48f.
Grammatik 42ff.

Handschrift 76ff.
Hausarbeit 75f.
Hippocampus 58